Howard Clark Kee

Was wissen wir über Jesus?

Aus dem Englischen übersetzt
von Ulrike Jung-Grell

Philipp Reclam jun. Stuttgart

Titel der englischen Originalausgabe:
Howard Clark Kee:
What Can We Know about Jesus? Cambridge:
Cambridge University Press, 1990.

Universal-Bibliothek Nr. 8920
Alle Rechte vorbehalten
© 1993 Philipp Reclam jun. GmbH & Co., Stuttgart
Die Übersetzung erscheint mit Genehmigung von
The Syndicate of the Press of the University of Cambridge, England
© 1990 Cambridge University Press, Cambridge
Gesamtherstellung: Reclam, Ditzingen. Printed in Germany 1993
RECLAM und UNIVERSAL-BIBLIOTHEK sind eingetragene
Warenzeichen der Philipp Reclam jun. GmbH & Co., Stuttgart
ISBN 3-15-008920-4

Inhalt

Einleitung

Paulus ist überzeugt, Jesus begegnet zu sein (1. Kor. 9,1). Diese Begegnung besitzt für ihn den gleichen Wirklichkeitscharakter wie die persönlichen Erfahrungen, von denen die übrigen Apostel berichten – und dies, obwohl Paulus anders als die Jünger zu Jesu Lebzeiten keinerlei Kontakt zu ihm gehabt hat. Paulus' Berufung zum Apostel gründet sich auf seine Begegnung mit dem auferstandenen Jesus, von der er in 1. Kor. 15,8 berichtet. Dabei macht er keinen Unterschied zwischen diesem Erlebnis und der Erscheinung Jesu vor seinen Jüngern. Ebenso bemerkenswert ist, daß auch die Jünger offenbar nicht zwischen ihrer eigenen Erfahrung und der des Paulus unterscheiden, da sie seine Berufung zum Apostel durch den wiedererstandenen Christus ihrer eigenen gleichsetzen. Doch Paulus' Vision vom lebendigen Christus ist nicht sein einziges Zusammentreffen mit Jesus. Paulus gibt in 2. Kor. 12,9 die Worte wieder, mit denen Gott ihn einst, als er in die Gegenwart des gen Himmel gefahrenen Christus entrückt gewesen, unterwiesen habe, die Mühen und Leiden zu ertragen, denen er ausgesetzt gewesen sei (»Laß dir an meiner Gnade genügen ...«). Es ist offenkundig, daß die Behauptung des Paulus, Jesus zu kennen, auf persönlichem Erleben beruht. Paulus ist überzeugt, Jesus zu kennen.

Diese Form der Kenntnis, die sich auf geistige oder mystische Begegnungen gründet, stößt in der modernen Welt allgemein – wie zum Teil schon in früherer Zeit – auf Skepsis. Doch neben der mystischen Erfahrung teilt Paulus in seinen Briefen wertvolle Kenntnisse über Jesus mit,

die seine Vorgänger in der frühen Christengemeinde ihm
überliefert haben. Informationen dieser Art lassen sich
kritisch untersuchen und mit Augenzeugenberichten ver-
gleichen – ähnlich etwa der Beweisaufnahme vor einem
heutigen Gerichtshof oder bei einem wissenschaftlichen
Disput. So sagt Paulus etwa, wenn er über die Gebräuche
der Eucharistie oder des Abendmahls berichtet, er habe
»es vom Herrn her empfangen« (1. Kor. 11,23). Doch
beweist seine Wortwahl in diesem Zusammenhang, daß
er an die übrigen Gemeindemitglieder weitergibt, was
auch ihm überliefert wurde. Die entscheidenden Details
des Abendmahls und selbst die Terminologie – »nahm«,
»dankte«, »brach's« und »gab« – stimmt mit der anderer, von Paulus gänzlich unbeeinflußter Quellen wie
den Evangelien (Mk. 14,22 – 24; Mt. 26,26 – 28; Lk.
22,19 – 20) überein. Beruhen die Kenntnisse des Paulus
über Jesus auf unmittelbarer religiöser Erfahrung oder
auf Überlieferung? Die Antwort lautet selbstverständlich: auf beidem.

In der heutigen Zeit erheben viele Christen den
Anspruch, die »Bekanntschaft Jesu« auf ähnlichem Wege
– sowohl durch persönliche Erfahrungen als auch durch
die Überlieferung – geschlossen zu haben, wobei jedoch
das Schwergewicht auf dem Erlebnis der individuellen
Begegnung mit Jesus liegt. So gibt es zahlreiche Kirchen-
lieder und Gospel-Songs, in denen die Gläubigen ihr
freundschaftliches Verhältnis zu Jesus rühmen. Die Beispiele reichen von *In the Garden*[1] mit seinem Refrain:
»He walks with me and he talks with me, and he tells me
I am his own«, bis zu dem aus den Südstaaten stammen-

---

1 *Im Garten*. – »Er (Jesus) geht neben mir, er spricht mit mir, und er
sagt zu mir, daß ich sein eigen bin.«

den Spiritual *I Have a Little Talk with Jesus, and I Tell Him All About My Troubles*[2], das mit der Verszeile endet: »Just a little talk with Jesus makes it right, all right.« Wenn sich der Glaube an die Existenz Jesu bei allen Christen von der Antike bis heute lediglich auf solche Behauptungen spontanen, spirituellen Erlebens stützte, wären die Skeptiker wohl in der Lage, diese Berichte als Wahnvorstellungen, Lügen oder Auswüchse der Phantasie abzutun. Doch gestehen selbst jene Gläubigen, die sich bei ihrer Bekanntschaft mit Jesus auf die persönliche, spirituelle Begegnung berufen, freimütig zu, daß diese Erfahrungen in ihrem Wesen und ihrer Bedeutung auf Überlieferungen – das heißt auf einem vom Neuen Testament und speziell von den Evangelien tradierten Jesusbild – beruhen.

Bereits eineinhalb Jahrhunderte nach Jesu Geburt gab es im Römischen Reich – sowohl von heidnischer wie auch von jüdischer Seite – Bestrebungen, Jesus zu diskreditieren. Man unterstellte ihm, seine Wunder mit Hilfe Schwarzer Magie vollbracht zu haben und verhöhnte die Vorstellung von der jungfräulichen Geburt. So konstruieren z. B. jüdische Texte ein Wortspiel, bei dem die griechische Bezeichnung für Jungfrau *parthenos* durch das Wort *Pantheros* ersetzt wird, und legen damit den Schluß nahe, Jesus sei entgegen der frühchristlichen Behauptung von der jungfräulichen Geburt in Wahrheit der illegitime Sohn eines römischen Soldaten namens Pantheros gewesen. Im Rahmen dieser Untersuchung ist dabei von Interesse, daß die Verleumder Jesu zwar sein Ansehen herab-

---

2 *Ich unterhalte mich ein wenig mit Jesus und erzähl ihm von all meinen Sorgen.* – »Schon ein Schwätzchen mit Jesus macht alles wieder gut, so gut.«

zusetzen suchten, keineswegs jedoch leugneten, daß er existiert, noch, daß er außerordentliche Taten vollbracht habe. In ähnlicher Weise bestreitet die These einiger zeitgenössischer Wissenschaftler, bei Jesus habe es sich um einen Wunderheiler gehandelt, zwar den göttlichen Ursprung der Mission, als deren Träger ihn die Christenheit betrachtet. Andererseits gestehen diese Gelehrten jedoch durchaus zu, daß Jesus existiert habe, und daß seine Fähigkeit, zu heilen und das Leben in anderer Form zu erneuern, ein Hauptgrund für seine Anziehungskraft gewesen sei.

Vom 17. Jahrhundert bis heute gab es jedoch immer wieder Bemühungen, die Existenz Jesu gänzlich zu leugnen oder die christlichen Zeugnisse seines Lebens ausnahmslos in Frage zu stellen. Jene Skeptiker, deren Theorie zufolge Jesus niemals wirklich existierte, nehmen an, daß die Aussagen der Evangelien zum Leben Jesu das Produkt antiker Mythenschöpfer seien, die Jesu einzigartige Verwandtschaft mit Gott mit Hilfe phantastischer Erzählungen nachzuweisen suchten, deren Höhepunkt der erfundene Bericht von der Auferstehung sei. Andere Thesen über die »wahre« Identität Jesu besagen u. a.:
(1) Er sei in Wirklichkeit ein nach sanften Reformen strebender Rabbi gewesen, dessen Absichten von der zeitgenössischen jüdischen Obrigkeit mißverstanden worden seien und dessen Anhänger mit der Niederschrift der Evangelien die Tatsachen grundlegend verfälscht hätten.
(2) Jesus habe seine Laufbahn als Mitglied der Essener begonnen, jener jüdischen Sektengemeinschaft, die in Qumran oberhalb des Toten Meeres lebte und dort das Ende der Welt und Gottes Parteinahme zu ihren Gunsten erwartete, durch die ihr als dem wahren Gottesvolk die

Herrschaft über Jerusalem und die Säuberung und Erneuerung des Tempels übertragen werden würde. Diese
Theorie stellt die Behauptung auf, Jesus sei mit den politischen und den offiziell anerkannten religiösen Machthabern in Konflikt geraten, die sich dann verschworen
hätten, um seine Hinrichtung herbeizuführen. Es bleibt
die Frage, inwieweit sich die nichtchristlichen Quellen
entstammenden Aussagen über Jesus zur Deckung bringen lassen und welcher Stellenwert ihnen gegenüber den
Zeugnissen der Autoren des Neuen Testamentes beizumessen ist.

Im folgenden werden wir die historischen Hinweise auf
die Person Jesu in heidnischen und jüdischen Quellen
aus den ersten Jahrhunderten nach Jesu Geburt ausführlich daraufhin untersuchen, inwieweit sie mit den Berichten der Evangelisten übereinstimmen und wo sich Ein-
schränkungen, Ergänzungen oder Widersprüche ergeben
(Kap. 1). In diesem Zusammenhang soll auch das Verhältnis Jesu zu den unterschiedlichen jüdischen Kreisen
seiner Zeit einschließlich der Sekte vom Toten Meer ana-
lysiert werden. Danach werden wir uns den frühchristlichen Belegen zuwenden, wobei sowohl die nicht-evangelialen Schriften des Neuen Testaments als auch sonstige
frühchristliche Zeugnisse Berücksichtigung finden werden, die den Anspruch erheben, Aufschluß über Jesus zu
geben – darunter einige, die erst in den letzten Jahrzehnten erschlossen wurden (Kap. 2). In den Kapiteln 3 und
4 werden wir uns auf das wichtigste Belegmaterial
für unsere Kenntnisse über Jesus konzentrieren – d. h.
auf die früheste Ausformung der Evangelienstoffe. Das
Hauptaugenmerk wird sich zuerst auf die von Matthäus
und Lukas benutzte Quelle »Q« richten, die vorwiegend

die Sprüche Jesu enthält; darauf folgt eine Untersuchung des Markusevangeliums, des ältesten Evangeliums, das den Autoren der übrigen drei Evangelien als Hauptquelle diente und die Grundstruktur ihrer Berichte über das öffentliche Wirken Jesu vorgab. Wie sich erweisen wird, folgt Johannes im wesentlichen der Vorlage des Markus, weicht jedoch in entscheidenden Einzelheiten über den Werdegang Jesu und den Inhalt seiner Lehren davon ab. Im letzten Kapitel werden wir uns dann der Analyse dieser anderen drei Evangelien – Matthäus, Lukas und Johannes – zuwenden.

Bei der Betrachtung dieser unterschiedlichen Zeugnisse lassen sich einerseits Abweichungen in bezug auf Auffassung und Deutung seines Wirkens, andererseits jedoch wohlbekannte Grundzüge in der Darstellung Jesu erkennen. Im abschließenden Kapitel wird dann eine Zusammenfassung der Ergebnisse dieser Untersuchung erweisen, »was wir über Jesus wissen«.

1. Kapitel

Die nicht-testamentlichen Quellen

Die historischen Schriften, die sich mit dem Römischen Reich im 1. Jahrhundert unserer Zeitrechnung befassen, enthalten nur sehr spärliche Hinweise auf Jesus, was nicht überraschen darf: Erst als die christliche Gemeinde an Stärke und Einfluß so zugenommen hatte, daß sie zu einer wichtigen Kraft in der römischen Politik und Gesellschaft wurde, fand sie einen Platz in der Geschichtsschreibung. Obwohl die Apostelgeschichte die Zahl der in Jerusalem zum Christentum Bekehrten mit mehreren Tausend angibt (Apg. 2,41; 4,4), legt die Tatsache, daß die Versammlungen der Christen in Privatwohnungen stattfanden (1. Kor. 16,19; Röm. 16,23) den Schluß nahe, daß in der ersten Generation die Zahl der Anhänger der Bewegung um Jesus in den von Christen bewohnten Städten höchstens einige Dutzend betragen haben kann. Die Mehrheit dieser Menschen kam aus einfachen Verhältnissen, so daß ihre Stellung in der Gesellschaft nicht dazu angetan war, die Aufmerksamkeit der Öffentlichkeit auf sich zu ziehen. Folgerichtig handeln die spärlichen Textstellen, die in den nicht-testamentlichen Quellen auf das Christentum verweisen, gerade von solchen Begebenheiten, bei denen es um eine Konfrontation Jesu und seiner Jünger mit den römischen Machthabern geht.

Belege aus dem Werk des Josephus

Die interessanteste dieser Textstellen findet sich in dem Monumentalwerk *Jüdische Altertümer* des jüdischen Geschichtsschreibers Flavius Josephus, der in der zweiten Hälfte des 1. nachchristlichen Jahrhunderts lebte. Ursprünglich Verfechter der nationalen Unabhängigkeit der Juden, wurde er zum Kollaborateur, als in den Jahren 67 – 70 n. Chr. die Römer Palästina besetzten. Josephus' Aufzählung der jüdischen Nationalisten und Aufrührer im 1. Jahrhundert enthält sowohl den Namen Jesu, als auch den seines Bruders Jakobus, der zum Führer der Jerusalemer Kirche wurde. Bedauerlicherweise ist die uns überlieferte Textfassung der *Altertümer* des Josephus ganz offenkundig von Christen gefälscht worden, um den jüdischen Autor zum Zeugen für das Christentum zu machen. Die entscheidende Textstelle lautet folgendermaßen:

Um diese Zeit [als Pontius Pilatus Statthalter in Judäa war, 26 – 36 n. Chr.] lebte Jesus, ein weiser Mensch, wenn man ihn überhaupt einen Menschen nennen darf. Er war nämlich der Vollbringer ganz unglaublicher Taten und der Lehrer aller Menschen, die mit Freuden die Wahrheit aufnahmen. So zog er viele Juden und auch viele Heiden an sich. Er war der Christus [d. h. der Gesalbte, der Messias]. Und obgleich ihn Pilatus auf Betreiben der Vornehmsten unseres Volkes zum Kreuzestod verurteilte, wurden doch seine früheren Anhänger ihm nicht untreu. Denn er erschien ihnen am dritten Tage wieder lebend, wie gottgesandte Propheten dies und tausend andere wunderbare Dinge von ihm vorherverkündigt hatten. Und noch bis auf den heutigen Tag besteht das Volk der Christen, die sich nach ihm nennen, fort.   (Ant. Iud. 18,63,3)

In der vorliegenden Fassung erweckt diese Textstelle den
Eindruck, Josephus sei selber Christ gewesen – was
selbstverständlich nicht zutrifft. Der angesehene jüdische
Forscher L. H. Feldmann, der das Werk ins Englische
übertrug, glaubt, es genüge, den Satz »Er war der Christus« zu streichen. Dann lasse sich der übrige Text als
Wiedergabe der Behauptungen interpretieren, welche die
Christen über Jesus verbreiteten. Sollte diese Bewertung
der Textpassage zutreffen, dann spiegelte sich hier Josephus' Einschätzung der christlichen Bewegung aus der
Perspektive des späten 1. Jahrhunderts wider, des Zeit-
punkts also, da er diese bedeutende Abhandlung über das
Judentum in Palästina verfaßte. Wie die Evangelisten
brachte auch Josephus den Tod Jesu mit der Person des
Pilatus in Verbindung und präzisierte seinen Bericht
durch die Aussagen über den Tod Jesu am Kreuz. Er
weist auf die außergewöhnlichen Fähigkeiten Jesu, seine
Weisheit und auf die Tatsache hin, daß sowohl Juden wie
Nichtjuden für seine Botschaft empfänglich gewesen
seien. Josephus dokumentiert die Behauptungen der Jünger, Gott habe Jesus von den Toten erweckt und durch
ihn die Verheißungen, die er den Propheten gemacht,
erfüllt. Zudem erwähnt Josephus, Jesus sei in der Öffentlichkeit vor allem als Lehrer in Erscheinung getreten, und
in der Beziehung zu seinen Jüngern sei das Moment der
Liebe bestimmend gewesen. Dagegen fehlt jeder konkrete Hinweis auf den Inhalt seiner Lehre und die
Beschaffenheit seiner »unglaublichen Taten«. Die Bemerkung »wenn man ihn überhaupt einen Menschen nennen
darf« könnte durchaus als Anspielung auf die göttliche
Abkunft Jesu verstanden werden. Doch da es keinen
Hinweis darauf gibt, daß Josephus sich dem Christentum

zugewandt hätte, deutet diese Stelle im Original wahrscheinlich eher darauf hin, daß der Autor Jesus für ein
Werkzeug des Satans hielt. Dies würde mit dem Bericht
der Evangelisten übereinstimmen, Pharisäer und Schriftgelehrte hätten Jesus bezichtigt, mit dem Obersten der
Teufel im Bunde zu sein (Mk. 3,22; Mt. 9,34). Die außerordentlichen Taten Jesu werden in diesem außerbiblischen Zeugnis nicht geleugnet – sie erscheinen als Ursprung seiner Macht.

Belege aus römischen Geschichtswerken

Einer der Briefe, die der römische Statthalter Plinius um
das Jahr 110 an den Kaiser Trajan richtete, befaßt sich mit
dem Anwachsen der christlichen Bewegung in Bithynien,
einer Provinz an der Südküste des Schwarzen Meeres in
der heutigen Türkei. Während die Christen anfangs nur
in den Städten aufgefallen seien, so berichtet Plinius dem
Kaiser, seien sie neuerdings auch in die ländlichen
Bezirke vorgedrungen. Dadurch seien Interesse und Teilnahme an den vom römischen Staat geförderten Kulten
in den Tempeln der einzelnen Gottheiten in beunruhi-
gendem Maße zurückgegangen. Noch bedenklicher aber
sei es, fährt Plinius fort, daß sich die Christen selbst unter
Androhung der Todesstrafe weigerten, dem Bildnis des
Kaisers, der nun offiziell als Gott zu betrachten sei, vor-
schriftsmäßig die ihm zustehenden Gebete und Opfer zu
entrichten.
Nach Abschluß seiner Ermittlungen in den christlichen
Gemeinden sei er selber verblüfft über die Harmlosigkeit
ihres Tuns: Sie versammelten sich am frühen Morgen, um

eine Hymne an Christus als Gottheit zu singen, und leisteten einen Schwur, keine Verbrechen wie Betrug, Diebstahl, Hochstapelei oder Ehebruch zu begehen. Zu seiner Überraschung habe er festgestellt, daß sie bei ihrem heiligen Mahl lediglich einfache Speisen verzehrten. Unter ihren Anführern seien auch Frauen, die Diakonissen genannt würden. Das Nachteiligste, was er über die Christen sagen könne, sei, daß sie einem »entarteten und übertriebenen Aberglauben« anhingen. Da sie jedoch dem Kaiser die ihm als Gott gebührende Ehrerbietung versagten und daher in der Region die allgemeine Anerkennung seiner Macht ernsthaft in Frage stellten, habe er sie vor die Wahl gestellt, ihrem Glauben an Jesus abzuschwören – und dies durch ihre Teilnahme an den offiziellen Kulten kundzutun – oder sich auf ihre Hinrichtung gefaßt zu machen. Wie im Werk des Josephus werden in diesem Text verschiedene wichtige Grundzüge der Bewegung um Jesus bestätigt: Die Anerkennung der Jesus zugeschriebenen Gebote im Namen Jesu – die Verbote zu stehlen, falsch Zeugnis zu reden, ehezubrechen; die Bedeutung des gemeinsamen Mahles als Mittelpunkt der religiösen Handlung, bei dem die Gemeinschaft des Gottesvolkes bekräftigt wird; und die hervorragende Stellung der Frau in der Leitung der Kirche.

In seinem Werk *Lebensbeschreibungen der Kaiser* erwähnt Sueton (70 – 122? n. Chr.) einen Vorfall, der sich während der Herrschaft des Kaisers Claudius (41 – 54 n. Chr.) in Rom ereignete. Wie er berichtet, hatte sich die jüdische Gemeinde »auf Betreiben des Chrestos« gespalten. Claudius antwortete mit der Vertreibung aller Juden aus Rom. Allgemein nimmt man an, daß dieser Autor den ihm nicht geläufigen Titel Christos mit dem verbreiteten griechischen Namen Chrestos verwechselte. Daher war es keineswegs, wie Sueton vermutet, die Ankunft eines aufrührerischen Individuums mit dem gewöhnlichen Namen Chrestos, welche den Aufruhr unter den Juden Roms verursachte, sondern die Tatsache, daß in diese Gemeinde ein Prediger kam, der den Juden von Christos kündete, d. h.: Jesus zum Messias erklärte. Von dieser Vertreibung der Juden aus Rom durch Kaiser Claudius berichtet auch Apg. 18,1 – 4, wo berichtet wird, daß zwei von Paulus' ersten Helfern in Korinth, Priscilla und Aquila zusammen mit anderen Juden aus Rom vertrieben worden seien. Der Umstand, daß sie offensichtlich bereits Christen waren, als sie mit Paulus in Verbindung traten, bestätigt die These, daß die Predigten, die Jesus zum Messias erklärten, bei den Juden Roms schon in der ersten Hälfte des Jahrhunderts Wirkung zeigten. Darüber hinaus aber bietet der Text keine neuen Erkenntnisse.

Ein anderer römischer Historiker, Tacitus (55 – 117? n. Chr.), berichtet in seinen *Annalen* (15,44), Kaiser Nero (reg. 41 – 54) habe, als er im Verdacht stand, Rom in Brand gesteckt zu haben, die Christen zu Schuldigen erklärt und sie entsprechend bestraft. Tacitus schreibt:

Aber nicht menschliche Hilfe, nicht freigebige Spenden des Princeps oder Sühnemittel für die Götter konnten das schlimme Gerücht aus der Welt schaffen, der Brand sei auf Befehl gelegt worden. Und so schob Nero, um dieses Gerücht zu ersticken, die Schuld auf andere und verhängte über die, die durch ihr schändliches Gebaren verhaßt waren und im Volksmund »Christianer« hießen, die ausgesuchtesten Strafen. Dieser Name leitete sich von Christus ab, der unter der Regierung des Tiberius durch den

Prokurator Pontius Pilatus hingerichtet worden war. Der
für den Augenblick unterdrückte verhängnisvolle Aber-
glaube griff von neuem um sich, nicht nur in Judäa, wo
dieses Übel entstanden war, sondern auch in Rom, wo alle
Scheußlichkeiten und Abscheulichkeiten aus der ganzen
Welt zusammenströmen und freudigen Anklang finden.
Und so wurden zuerst die Personen verhaftet, die sich als
Christen bekannten, dann aufgrund von deren Aussagen
ein weiterer großer Personenkreis, und sie wurden nicht
nur des Verbrechens der Brandstiftung, sondern auch des
Hasses gegen das Menschengeschlecht für schuldig befun-
den. Und mit den Todgeweihten trieb man noch seinen
Spott: man hüllte sie in Tierhäute und ließ sie von Hunden
zerfleischen, oder sie wurden, ans Kreuz geschlagen und
für den Flammentod bestimmt, nach Tagesschluß als
Beleuchtung für die Nacht verbrannt. Für dieses Schau-
spiel hatte Nero seinen Park zur Verfügung gestellt.
Zugleich veranstaltete er ein Circusspiel, wobei er im Auf-
zug eines Wagenlenkers sich unter den Pöbel mischte oder
sich auch wirklich auf einen Wagen stellte.

Auch dieses Zitat aus Tacitus erhärtet noch einmal den
Bericht der Evangelisten, wonach Jesus unter Pontius
Pilatus zum Tode verurteilt wurde. Die zusätzliche Infor-
mation, daß sich dies während der Regierungszeit des
Tiberius (14 – 37 n. Chr.) ereignete, setzt eine äußerste
zeitliche Grenze für dieses Geschehen (37 n. Chr.) und
weist, bringt man diese Daten mit denen der Amtszeit
des Pilatus zur Deckung, auf das Jahr 29 als den wahr-
scheinlichsten Zeitpunkt für die Kreuzigung Jesu. Die
lebendige Schilderung liefert überdies die Bestätigung
dafür, daß das Christentum bereits drei Jahrzehnte später
(in den sechziger Jahren) zahlreiche Anhänger gewonnen
hatte, und daß viele von ihnen eher bereit waren, dem

Leben als dem Glauben zu entsagen. Die Formulierung,
Christen seien vom »allgemeinen Menschenhaß« erfüllt,
ist wahrscheinlich als Interpretation des Außenstehenden
zu erklären, die sich auf das Selbstverständnis der Christen als des auserwählten Volkes Gottes und auf die Prophezeiung bezieht, mit dem Anbruch der Herrschaft
Gottes auf Erden werde die geltende Weltordnung zu
Ende gehen. Auch dieser Text bietet keine Erkenntnisse,
die die Aussagen der Evangelien ergänzen könnten. Doch
wird die historische Existenz Jesu, sein Tod durch die
römischen Machthaber zu einem bestimmten historischen Datum und das Anwachsen der Bewegung, die sich
schnell bis zur Hauptstadt des Imperiums ausbreitete,
eindeutig bestätigt. In den 35 Jahren nach dem Tod Jesu
war die von ihm ausgehende Bewegung bereits zu solcher
Größe und Bedeutung gelangt, daß sie dem Herrscher
Roms als Sündenbock für sein eigenes verantwortungslo-
ses Tun dienen konnte.
Daß die christliche Botschaft um die Mitte des Jahrhunderts Rom erreicht und sogar die oberen Schichten der
römischen Gesellschaft durchdrungen hatte, bestätigen
auch die Schriften des Dio Cassius, eines späteren römischen Historikers (150–235). Er berichtet, Domitilla,
eine Nichte des Kaisers Domitian (reg. 81–96), sei ver-
bannt worden, weil sie den »jüdischen Gebräuchen« und
dem »Atheismus« gehuldigt habe – d. h.: weil sie dem
Kult der traditionellen römischen Götter und Göttinnen
entsagt hatte. Diese Beschuldigung könnte auf ihre
Bekehrung zum Christentum hindeuten; denn eine Ver-
wechslung der christlichen mit der ähnlichen, ihr verwandten jüdischen Religion liegt durchaus nahe: Beides
sind monotheistische Religionen, beide berufen sich auf

dieselben Heiligen Schriften, und beide erheben Anspruch auf denselben Gott. Die Annahme, Domitilla sei zum Christentum konvertiert, wird noch durch die Tatsache gestützt, daß eine römische Katakombe (eine unterirdische Grabanlage) nach ihr benannt ist. So zählten die Christen gegen Ende des 1. Jahrhunderts sogar Mitglieder der kaiserlichen Familie zu ihren Anhängern.

Belege aus rabbinischen Quellen

Die Belege aus jüdischen Texten der ersten zwei oder drei Jahrhunderte zeugen von tieferer Gegnerschaft zu Jesus und seiner Bewegung, obgleich auch sie seine historische Existenz und das rasche Anwachsen der Gemeinde bestätigen, die seinen Namen trägt. Die Hinweise in den rabbinischen Schriften lassen sich zeitlich nicht einordnen, denn die grundlegenden Dokumente des rabbinischen Judentums entstanden erst in der Zeit vom 2. bis zum 6. Jahrhundert. Die in diesen – in ihrer endgültigen Fassung als Mischna und Talmud bekannten – Werken enthaltenen Überlieferungen, die sich auf die Worte (angeblich) im 1. Jahrhundert lehrender Rabbiner berufen, lassen sich nicht zweifelsfrei datieren. Die Erwägung, selbst eine Namensnennung würde ihm zu viel Ehre erweisen, führt dazu, daß Jesus dort als »ein gewisses Individuum« erscheint. Die genauen Einzelheiten über diese ungenannte Person und ihre Anhänger weisen unmißverständlich auf Jesus hin. An einigen Stellen dieser jüdischen Quellen wird er Ben Stada, Ben Pandira oder Ben Panthera genannt, was den Schluß nahelegen soll, er sei der illegitime Sohn (hebräisch: Ben) eines Soldaten oder

sonst eines ehrlosen Mannes gewesen. Auch seine Mutter
wird als Frau von schlechtem Ruf dargestellt. In einem als
Schabbath (104) bekannten Text wird die folgende Bege-
benheit geschildert:

Als Rabbi Elieser der Große wegen Häresie ergriffen
wurde, führte man ihn vor Gericht zur Aburteilung. Da
sprach der Stadtoberste zu ihm: Wie kann ein Greis wie du
sich mit solch nichtigen Dingen beschäftigen? Sprach er zu
ihm: Ich vertraue dem, der mich richtet. Da glaubte jener
Stadtoberste, er meine ihn, er aber sagte dies in bezug auf
seinen Vater im Himmel. [Der Stadtoberste] sprach zu
ihm: Da du mir vertraust, sollst du durch Straferlaß frei
sein. Als er nach Hause kam, traten seine Jünger auf ihn
zu, um ihn zu trösten; er aber nahm keinen Trost an.
Sprach Rabbi Akiba zu ihm: Meister, erlaubst du mir,
etwas zu sagen, was du mich gelehrt hast? Er antwortete:
Sprich! Sprach er zu ihm: Meister, vielleicht kamst du mit
der Ketzerei in Berührung, und es gefiel dir, und du bist
deshalb ergriffen worden? (In der Tosefta: Vielleicht sagte
dir einer von den Ketzern etwas Ketzerisches, und es gefiel
dir?) Da sprach er zu ihm: Akiba, du hast mich erinnert.
Einmal ging ich durch den oberen Markt (in der Tosefta:
Straße) von Sepphoris und traf da einen Mann [von den
Jüngern des Nazareners], und Jakob aus dem Dorfe Secha-
nia (in der Tosefta: Sichnin) war sein Name. Der sprach zu
mir: In eurer Thora ist geschrieben: Bringe mir nicht den
Dirnenlohn ... in deines Gottes Haus. Was soll damit
geschehen – soll man daraus eine Latrine für den Hohepriester machen? Ich aber sagte nichts. Da sprach er zu
mir: So lehrte mich Jesus der Nazarener (in der Tosefta:
»Jesus ben Panteri«). Aus Dirnenlohn ward es aufgehäuft,
und zu Dirnenlohn soll es wieder werden. Vom Orte des
Schmutzes sind sie gekommen und zum Orte des Schmutzes sollen sie zurückkehren. – Dies hat mir gefallen, und

deshalb ward ich wegen Ketzerei ergriffen. Übertreten
habe ich, was in der Thora geschrieben ist: ›Dein Weg
führe fern von ihr‹ – gemeint ist: die Ketzerei – ›und
nähere dich nicht der Tür ihres Hauses‹ – gemeint ist: die
Obrigkeit.

Das Bemerkenswerte an dieser Textstelle ist, daß sie die
Existenz Jesu, sein Wirken als Lehrer und seine Fähigkeit, Wunder zu vollbringen, einfach voraussetzt. Zudem
ist offenkundig, daß seine Lehren denen der jüdischen
Schriftgelehrten in einigen Punkten so sehr ähnelten, daß
ein späterer Rabbiner durchaus einen Lehrsatz von Jesus
übernehmen konnte, ohne sich dessen bewußt zu sein,
daß er tatsächlich von Jesus stammte und nicht nur Teil
des innerrabbinischen Meinungsstreites war. Der Tadel,
dem der unfreiwillige Sympathisant sich ausgesetzt sah,
zeigt jedoch, daß das rabbinische Judentum die Lehren
Jesu in ihrem Kern als eine Bedrohung seiner Auffassung
vom wahren Verhältnis zu Gott verstand. Jeder, der eine
solch abweichende Meinung vertrat, wurde unweigerlich
von den jüdischen Autoritäten zur Rechenschaft gezogen. Die Erwähnung von Sepphoris, einer bedeutenden
Stadt in Galiläa unweit Nazareths, zeigt, daß das Christentum in der Gegend um den Geburtsort Jesu Fuß
gefaßt hatte. Wenn der »Statthalter« eher einen römischen Beamten denn ein führendes Mitglied der jüdischen Gemeinde bezeichnet, dann legt dieser Bericht den
Schluß nahe, daß auch die politischen, ebenso wie die
religiösen Führer des Landes die Bewegung um Jesus mit
Argwohn beobachteten.
Joseph Klausner, ein jüdischer Gelehrter, dessen Werke
um die Mitte dieses Jahrhunderts entstanden, untersuchte
die ältesten Schichten der rabbinischen Überlieferungen

aus der sogenannten Tannaitischen Periode, die man zeitlich etwa mit dem Wirken der Apostel gleichsetzt, nach
Aussagen zur Person Jesu. Er kam zu folgendem Schluß:

> Es gibt berücksichtigenswerte historische Stellen, die aus-
> sagen, daß sein Name Jeschua (Jeschu) von Nazareth war,
> daß er Zauberei trieb (d. h. Wunder vollbrachte, wie dies
> in jenen Tagen üblich war), Israel verführte und irreleitete,
> daß er über die Worte der Weisen spottete, die Thora auf
> dieselbe Weise auslegte wie die Pharisäer, daß er fünf Jün-
> ger hatte, daß er sagte, er sei nicht gekommen, um von der
> Thora etwas wegzunehmen oder ihr etwas hinzuzufügen,
> daß er am Vorabend des Pessachfestes, der auf einen Sab-
> bat fiel, als ein Irrlehrer und Verführer gehängt (gekreu-
> zigt) wurde, und daß seine Jünger in seinem Namen
> Kranke heilten.

Der einzige Widerspruch zwischen diesem jüdischen
Text und dem Neuen Testament scheint sich in bezug auf
die Anzahl der Jünger zu ergeben. Doch obgleich die
Evangelien wie auch die Apostelgeschichte ihre Zahl mit
zwölf angeben, gibt es auch hier Hinweise darauf, daß es
einen Kern besonders vertrauter Jünger um Jesus gab. So
berichtet etwa die Erzählung der Verklärung Jesu (Mk.
9,2), wie allein Petrus, Jakobus und Johannes aufgefordert werden, Jesus auf den Berg zu begleiten. Sonst aber
stimmt das von den rabbinischen Quellen gezeichnete
Bild Jesu durchaus mit dem der Evangelien überein,
wenn es auch keinerlei Ergänzung bietet. In der späteren
rabbinischen Tradition verstärkt sich die feindselige Haltung gegenüber Jesus. Diese Texte beziehen sich auf seine
angeblich illegitime Geburt, stellen ihn als Zauberer und
Betrüger und – aufgrund seines revolutionären Program-

mes – als elementare Bedrohung für die Integrität des jüdischen Volkes dar. Wie sich zeigen wird, zeichnet die evangeliale Überlieferung (besonders das Matthäusevangelium) an einigen Stellen allerdings sogar ein überspitztes Bild der Gegnerschaft zwischen Jesus und seinen jüdischen Zeitgenossen, das der historischen Realität keineswegs entspricht.

Ein anderes, jüngeres Werk eines jüdischen Autors, das das Verhältnis Jesu zum Judaismus seiner Zeit neuerlich zum Thema machte und damit vor zwei Jahrzehnten einen großen Leserkreis gewann, ist das Buch *The Passover Plot* von Hugh Schonfeld. Schonfeld macht geltend, seine Ergebnisse basierten auf den historischen Angaben des Neuen Testaments und den entsprechenden Belegen aus jüdischen Dokumenten desselben Zeitraums. Er vertritt die These, daß die Juden jener Zeit unter dem Begriff »Messias« lediglich »König Israels« verstanden hätten und daß Jesus diesen Titel für sich beansprucht habe. Solange Jesus sich mit seiner Schar einfacher Jünger in Galiläa aufgehalten habe, hätten weder die religiösen noch die weltlichen römischen Machthaber seiner Bewegung viel Aufmerksamkeit gezollt. Als er jedoch nach Jerusalem gekommen sei und nach Art eines Königs dort Einzug gehalten habe (Mk. 11 – der Einzug Jesu in Jerusalem am sogenannten Palmsonntag), hätten ihn die religiösen Führer beim römischen Statthalter angezeigt, weil er eine Bedrohung für die politische Stabilität Judäas dargestellt habe.

Schonfeld vermutet, Jesus sei durchaus bewußt gewesen, daß sein triumphaler Einzug vom Volk zwar bejubelt werden, auf offizieller Seite jedoch Widerstand hervorrufen würde. Er habe jedoch seine Anhänger im voraus dar-

über unterrichtet, daß man ihn zum Tode verurteilen
werde; mehr noch, daß sie ihn, nachdem man ihn gekreuzigt haben würde, vom Kreuz nehmen und in ein Grab
legen sollten, sobald er vorgebe, gestorben zu sein. Wenn
er dann, wieder zum Leben erwacht, erschiene, würden
viele davon überzeugt sein, daß er der Messias, der König
Israels sei. Alles sei zunächst offenbar so abgelaufen, wie
Jesus es geplant hatte. Als aber Joseph von Arimathia am
dritten Tag nach dem Sabbat zum Grab gekommen sei,
sei Jesus zwar noch am Leben, jedoch so geschwächt
gewesen, daß er kurz darauf gestorben sei. Daher sei sein
Plan, einen öffentlichen Auftritt zu inszenieren und
damit seine Auferstehung vorzutäuschen – ein Auftritt,
durch den er die Massen für sich habe gewinnen wollen –,
niemals in die Tat umgesetzt worden. Die Jünger hätten
ihn noch nach seinem Begräbnis am Leben gesehen, hätten jedoch behauptet, er wäre keineswegs einfach gestorben, vielmehr hätte Gott ihn zu sich genommen. Die
wirksamste Waffe der christlichen Bewegung, so legt es
Schonfeld nahe, sei daher als frommer Schwindel zu
betrachten. Daß Jesus jedoch sehr wohl am Kreuz starb,
wird von allen verfügbaren Zeugnissen – jüdischen,
römischen und christlichen – bestätigt. Demzufolge
bleibt Schonfelds These angesichts der Beweislage bloße
Spekulation, die vom unreflektierten Umgang mit den
Texten des Evangeliums zeugt und mit vagen Hypothe-
sen arbeitet, die einer verantwortlichen historischen
Untersuchung nicht standhalten. Es kann daher nicht
überraschen, daß diese effektvoll konstruierte Theorie
der wohlverdienten Vergessenheit anheimgefallen ist.
Sich heute in Erinnerung zu rufen, was einst für Sensa-
tion sorgte und in weiten Kreisen als historische Hypo-

these galt, bedeutet jedoch zugleich, sich selbst zu jener Sorgfalt zu ermahnen, die notwendig ist, um die Aussagen über Jesus – aus dem Neuen Testament wie aus anderen Quellen – zu analysieren.

Belege aus den Schriftrollen vom Toten Meer

Seit man im Jahre 1947 in den Berghöhlen von Qumran oberhalb des Toten Meeres Manuskripte aus dem 1. Jahrhundert n. Chr. fand, reißen die Spekulationen nicht ab, wonach Jesus mit jener Gemeinschaft in Verbindung stand, die diese Texte verfaßte. Als Archäologen das Zentrum dieser Gemeinschaft ausgruben und dabei nicht nur auf die Ruinen des Saales stießen, in dem die Dokumente geschrieben und kopiert worden waren, sondern auch die Wasserbecken freilegten, in denen die Gemeinde die Taufe vollzogen hatte, stieg das Interesse an der jüdischen Sekte vom Toten Meer noch weiter an. Von besonderer Bedeutung war die Entdeckung der Überreste jenes Raumes, in dem sich die Gemeinde zum gemeinsamen Mahl versammelte. Die Archäologen legten einen Vorraum frei, in dem man das Geschirr in Erwartung des nächsten Mahles gestapelt hatte – eines Mahles, das nie stattfand, weil die Römer die Siedlung kurz vor dem Jahr 70 n. Chr. zerstörten. Darüber hinaus förderten die Ausgrabungen Reste eines Lesepultes zutage, von dem aus offenbar während des gemeinsamen Mahles die Heiligen Schriften und möglicherweise auch Auszüge aus selbstverfaßten Texten der Gemeinde vorgetragen wurden. Aus einer der Schriften geht hervor, daß die Gemeindemitglieder in Erwartung des bevorstehenden Weltendes während ihrer

rituellen Hauptmahlzeit Brot und Wein untereinander
teilten. Der Größe des Versammlungsraumes nach lebten
in dieser Gemeinde weniger als einhundert Mitglieder.

Als die Übersetzung der dort aufgefundenen Dokumente veröffentlicht wurde, gab eine Vielzahl von Paral-
lelen zwischen dieser Gemeinschaft und jener der frühen
Christen Anlaß zu Spekulationen über eine mögliche
Zugehörigkeit Jesu zur Gemeinde von Qumran. Unüber-
sehbar sind folgende Übereinstimmungen zwischen der
Sekte vom Toten Meer und den frühen Christen: Beide
Gruppen standen dem offiziellen Judentum kritisch
gegenüber; beide vollzogen die Taufe – beide im Jordan-
tal; die Mitglieder beider Gemeinschaften nahmen in
Erwartung der triumphalen Ankunft des Messias ein
Mahl aus Brot und Wein ein; beide sahen in der Person
ihrer Führer die Prophezeiungen des Alten Testaments
erfüllt; beide entwickelten eigenes Schrifttum, das die
jüdische Bibel ergänzte und neu interpretierte; beide
standen dem offiziellen Priestertum und der gottes-
dienstlichen Praxis im Tempel kritisch gegenüber; und
beide erwarteten die Zerstörung des Tempels. Eines der
jüngst erst veröffentlichten Dokumente, die *Tempelrolle*,
enthält die Voraussage, daß derjenige, welcher das
Erwählte Volk in seiner Würde verletze, an einem Baume
aufgehängt (d. h. gekreuzigt) werden würde. In dieser
Schrift findet sich darüber hinaus der Rat, den Gekreuzigten noch vor Sonnenuntergang zu bestatten, damit der
Feiertag nicht entweiht werde. Anhand einer verglei-
chenden Analyse der Qumran-Schriften mit dem Neuen
Testament läßt sich zweifelsfrei belegen, daß die Probleme, mit denen sich Jesus der evangelialen Überlieferung nach befaßte, genau die Probleme sind, die in der

Zeit vor 70 n. Chr. – dem Jahr, in dem die Gemeinde am Toten Meer vernichtet wurde – auch innerhalb des Judentums erörtert wurden, wenngleich die Lösungen, die Jesus anbot, sich maßgeblich von jenen sowohl der Qumran-Gemeinde als auch der nachfolgenden rabbinischen Bewegung unterscheiden. Ein Vergleich macht zudem deutlich, wie allgegenwärtig im Judentum des 1. nachchristlichen Jahrhunderts der Glaube an die Endzeitlichkeit einer Gegenwart war, die von einem neuen Zeitalter abgelöst werden sollte, in dem Gott sich auf die Seite der Gläubigen stellen und seine Herrschaft über die Welt errichten würde. Weiter zeigen diese Schriften, daß in jener Zeit die auf dem Alten Testament gründenden traditionellen Vorstellungen von Heilserwartung und Gesetzestreue von Grund auf neu überdacht wurden. Auffällig ist auch, daß die frühchristlichen Gemeinden – wie etwa die Sekte vom Toten Meer – zeremonielle Mahlzeiten und Waschungen als gemeinschaftlichen Ausdruck ihres Gerüstetseins für die Herrschaft Gottes betrachteten, und daß der Anbruch dieser neuen Zeit durch eine oder mehrere Personen herbeigeführt werden sollte, die Gott selbst erwählen und ermächtigen würde (Messias – der Gesalbte).

Abgesehen von diesen Parallelen aber bestehen zwischen der christlichen Tradition und dem Denken der Qumran-Gemeinde grundlegende Unterschiede. Die entscheidende Frage bei beiden Gemeinden lautet: Wer ist geeignet, dem neuen Gottesvolk anzugehören? Die Qumran-Gemeinde forderte eine strikte Abgrenzung gegenüber der übrigen Welt, einschließlich aller anderen Juden. Ihrer Ansicht nach beachteten die übrigen Juden, die den Anspruch erhoben, zum Erwählten Volk zu gehören, die

Gesetze und vor allem die kultischen Reinheitsgebote
nicht mit genügender Strenge. Die Sekte vom Toten Meer
war der Überzeugung, Gott werde den Tempel wieder-
erbauen und ihn ihrer Obhut übergeben. Danach sollte
allen Heiden wie auch all jenen Juden, die den Ansprü-
chen des Gottesvolkes nicht genügten, der Zutritt verwehrt werden. Einen Vorhof der Heiden wie zur Zeit
Jesu, der vom Haus Gottes als von einem Bethaus »für
alle Völker« sprach (Mk. 11,17 als Zitat von Jes. 56,7),
sollte dann nicht mehr das Allerheiligste umgeben.
Jesu grundsätzliche Ablehnung der kultischen Reinheitsgesetze in Mk. 7,14 – 23 steht in krassem Widerspruch zu
den Normen, deren strikte Einhaltung die Gemeinde
vom Toten Meer forderte. Anders als die offene Gemeinschaft Jesu, die die Lahmen, Tauben und Blinden, die
Armen und die moralisch wie gesellschaftlich Geächteten
bereitwillig aufnahm und ihnen Heilung gewährte,
schloß die Qumran-Gemeinde all diese Menschen ausdrücklich aus, da sie der Teilhabe am Gottesbund nicht
würdig seien. Ganz im Gegensatz zur Qumran-Gemeinde, die die bestehende kultische Gesetzesordnung
ausweitete, z. B. tägliche rituelle Waschungen einführte,
nahm Jesus ohne Rücksicht auf kultische, ethische oder
ethnische Herkunft jeden auf, der sich ihm anschließen
wollte. Während die Gemeinde vom Toten Meer all jene
aus ihren Reihen verbannte, die ihre strengen kultischen
Regeln übertraten, waren Jesus alle Verachteten, Ausge-
stoßenen willkommen. In einer der mit Sicherheit zuver-
lässigsten Überlieferungen bezeichnet er sich selbst als
»der Zöllner und Sünder Freund« (Lk. 7,34).
Die eigentliche Ironie aber ergibt sich für jene, die Jesus
mit der Qumran-Gemeinde in Verbindung bringen wol-

len, aus der unbestrittenen Tatsache, daß Jesus nach eben
jener Methode hingerichtet wurde, welche die Sekte vom
Toten Meer für jeden vorgeschrieben hatte, der ihre Auffassung vom Gottesbund angreifen sollte: die Kreuzigung bis zum Tode. Wenn überhaupt von einem Verhältnis Jesu zu der Gemeinde vom Toten Meer die Rede sein
kann, so kann es sich dabei nur um ein Verhältnis grund-
legender Kritik, elementaren Widerspruchs handeln. Die
Theorie, Jesus habe mit seinen Jüngern eine Geheimge-
sellschaft gebildet, die sich an den in den Schriftrollen
vom Toten Meer beschriebenen Grundsätzen und Prakti-
ken orientiert habe, erweist sich daher als haltlos. Statt
diejenigen aus der Gemeinschaft zu verstoßen, die ihre
strengen Regeln verletzten (wie dies in der Qumran-
Gemeinde geschah), nahm Jesus jene auf, die aus ethnischen, religiösen, physischen und sogar moralischen
Gründen ausgeschlossen und verachtet waren. Der Vergleich zwischen Jesus und der Sekte vom Toten Meer läßt
die Gegensätze zwischen beiden Bewegungen noch
schärfer hervortreten.
Die Untersuchung der Quellen außerhalb des Neuen
Testaments, die sich direkt oder indirekt auf unser Wissen
über Jesus beziehen, bestätigt seine historische Existenz,
seine ungewöhnlichen Fähigkeiten, die Ergebenheit seiner Anhänger, das Fortbestehen der Bewegung nach seiner Hinrichtung durch den römischen Statthalter in Jerusalem und das Vordringen des Christentums, das gegen
Ende des Jahrhunderts selbst in Rom die obersten
Schichten der Gesellschaft beeinflußt hatte. Die nicht-
evangelialen Zeugnisse machen außerdem deutlich, daß
die Themenbereiche, denen der evangelialen Überlieferung zufolge das besondere Interesse Jesu galt, mit je-

nen identisch waren, die innerhalb des Judentums jener Zeit diskutiert wurden – dazu gehört vor allem die Frage nach den Bedingungen für eine Zugehörigkeit zum Volk Gottes.

2. Kapitel

Die frühchristlichen Schriften außerhalb der Evangelien

Da die Evangelien, wie wir sehen werden, vom letzten Drittel des 1. Jahrhunderts an entstanden sind, stellt sich die Frage, ob es frühere christliche Schriften gibt, die uns über die historische Gestalt Jesu Aufschluß geben können, oder ob Belege aus der Zeit nach der Niederschrift der Evangelien existieren, aufgrund derer sich die Aussagen der Evangelien ergänzen oder korrigieren lassen.

Unter den christlichen Quellen, deren Entstehungszeit vor jener der Evangelien liegt, ist zunächst Paulus zu nennen; seine Briefe sind die ältesten im Neuen Testament enthaltenen Dokumente und daher unsere ältesten christlichen Belege. Als Ergänzung zu den Aussagen der Paulusbriefe werden wir zudem kurz auf ähnliche Überlieferungen in anderen frühchristlichen Schriften sowohl innerhalb als auch außerhalb des Neuen Testaments eingehen, ehe wir uns in Kapitel 3 und 4 einer Analyse der Evangelien und ihrer Quellen zuwenden. Eine eingehende Untersuchung der nicht-evangelialen Zeugnisse erweist eine bedeutsame Übereinstimmung im Detail, auch wenn einige der wesentlichen Merkmale des in den Evangelien überlieferten Jesusbildes in diesen anderen Schriften nur vereinzelt erwähnt werden oder überhaupt keinen Platz finden. Daher müssen jene aus christlichen Quellen innerhalb und außerhalb des Neuen Testaments stammenden Berichte über Jesus, die zusätzliche Aufschlüsse gewähren, für sich bewertet werden.

Bei der Prüfung dieser Zeugnisse werden wir nacheinander die Themenbereiche behandeln, die einen Bezug zu Jesus haben. Zu jedem dieser Themen werden wir zunächst die Äußerungen des Paulus, dann die entsprechenden Textstellen in anderen neutestamentlichen Schriften betrachten. Zum Schluß werden wir kurz eine Reihe frühchristlicher Schriften daraufhin untersuchen, was sie uns über Jesus mitteilen. Diese Quellen umfassen: (1) führende Denker der Kirche aus dem 2. und 3. Jahrhundert; (2) die sogenannten apokryphen »Evangelien« und »Apostelgeschichten«, die den Anspruch erheben, das, was aus dem Neuen Testament über Jesus und seine Jünger bekannt ist, zu erweitern oder zu verschlüsseln. Diese Schriften schließen einige Manuskripte ein, die erst vor kurzem in Ägypten und Jordanien gefunden wurden.

Themen aus den Evangelien in anderen neutestamentlichen Schriften

Die menschliche Abkunft Jesu

In allen diesen Schriften findet sich die Bestätigung oder die Annahme der historischen Existenz Jesu. Paulus verweist explizit auf die menschliche Herkunft (Röm. 1,3) und Geburt Jesu (Gal. 4,4). Er erwähnt, daß er Jesus anfänglich (vor seiner Bekehrung) ausschließlich nach menschlichen Maßstäben beurteilt habe (2. Kor. 5,16). Obgleich er die Präexistenz Jesu in der Gegenwart Gottes bekräftigt, berichtet er von der Menschwerdung Jesu (Phil. 2,7). Dieselbe Behauptung der Geschichtlichkeit Jesu wird in so unterschiedlichen neutestamentlichen

Schriften aufgestellt wie Apg. 1,1–2, wo der irdische Lebensweg Jesu Erwähnung findet, sowie Hebr. 2,14, wo Jesu Teilhabe an der menschlichen Natur bestätigt wird. 1. Joh. 1,1–3 und 4,2 enthalten die ausdrückliche Erklärung, die Jünger hätten Jesus mit Augen, Ohren und Händen in seiner menschlichen Gestalt erfahren.

Der Tod Jesu als historisches Ereignis

Noch häufiger äußern sich die Verfasser des Neuen Testaments über den Tod Jesu und dessen Bedeutung für das Volk Gottes. Offensichtlich ist nur dessen Tod vorstellbar, der eine historische Existenz im menschlichen Sinn geführt hat. Paulus verbindet seine Hinweise auf den Tod Jesu stets mit einer Bekräftigung der Bedeutsamkeit dieses Ereignisses für die Versöhnung des Menschen mit Gott. Eine Auswahl von Paulustexten, in denen diese Behauptung aufgestellt wird, müßte Gal. 1,3; Röm. 5,6–18 und 8,3; 1. Kor. 1,30 und 2. Kor. 5,18 enthalten. 1. Kor. 15,3 bringt die zusätzliche Feststellung, daß dieses Verständnis vom Tod Jesu keineswegs eine Erfindung des Paulus, sondern Teil der Überlieferung sei, die man an ihn weitergegeben habe.

Paulus beschreibt den Tod Jesu als sein Sich-Geben »für unsere Sünden« (Gal. 1,4) oder sein Sich-Erniedrigen »bis zum Tode, ja zum Tode am Kreuz« (Phil. 2,8). Sein Tod ist also ein reales menschliches Geschehnis (1. Thess. 5,10), von menschlichen Werkzeugen ausgeführt (1. Thess. 2,15). Jesus stirbt nicht nur einen scheinbaren Tod, wie dies bei gewissen Göttergestalten und mythologischen Figuren der antiken Welt der Fall ist. So hieß es etwa von dem ägyptischen Fruchtbarkeitsgott Osiris (der

den jährlichen Zyklus von Überschwemmungen und sin-
kenden Fluten des Nils verkörperte), er sterbe und aufer-
stehe jedes Jahr von den Toten. Doch handelte es sich hier
in erster Linie um ein Symbol der jährlich wiederkehrenden agrikulturellen Gestalt des Niltales, in dem der Fluß
zu einer bestimmten Jahreszeit die Felder an seinen
Ufern fruchtbar machte und dann in der Trockenzeit
zurückwich. In Hebr. 7,26 – 27, wo Jesus in der Doppel-
rolle von Priester und Opfer erscheint, wird von ihm
gesagt, er habe sich »einmal« geopfert. Dasselbe Thema
wird in Hebr. 9,11 – 28 ausführlich entwickelt, und in
Hebr. 13,12 wird als wesentliches Detail erwähnt, man
habe Jesus zur Hinrichtung aus Jerusalem hinausgeführt
– wie dies auch die Evangelien berichten. 1. Petr. 2,21 – 24
enthält Einzelheiten zur Haltung Jesu gegenüber seinen
Häschern: Dazu gehört auch seine Weigerung, jenen mit
Bitterkeit zu begegnen, die im Begriff stehen, ihn hinzu-
richten. Die Initiative, sich für andere zu opfern, geht
allein von ihm aus; und er wird als höchst empfindsamer,
mitleidvoller Mensch gezeichnet. Alle diese Textpassagen
beschreiben Jesus als historische Persönlichkeit, deren
vollkommene Menschlichkeit sich in ihrem Leiden und
ihrem Tode erweist.

Die Begegnung mit dem auferstandenen Jesus

Wie bereits erwähnt, bezeugt Paulus die Auferstehung
unter Berufung auf seine persönliche Erfahrung der
Begegnung mit dem auferstandenen Jesus (1. Kor.
15,5 – 9). Für Paulus ist die Auferstehung ebenso ein
historisches Faktum (Röm. 1,4) wie der Tod des gehorsa-
men, leidenden, gekreuzigten Jesus (Phil. 2,8). Er beruft

sich darauf, daß es, abgesehen von den Aposteln und seiner eigenen Person »mehr als 500 Brüder« gewesen seien, die den auferstandenen Jesus gesehen hätten (1. Kor. 15,6 – 8). Er merkt an, viele von denen, die den Auferstandenen gesehen hätten, seien noch am Leben, womit er andeutet, Skeptiker könnten sich seine Aussagen und die Aussagen anderer von einem dieser zahlreichen noch lebenden Zeugen bestätigen lassen. Dieselbe Auffassung von Tod und Auferstehung Jesu als historischem Geschehen wird auch in späteren neutestamentlichen Schriften wie Kol. 2,12 und 1. Petr. 3,18 deutlich.

In bezug auf ein Ereignis, das unmöglich als historisch – im Sinne eines vollendeten Geschehens – zu betrachten ist, teilen Paulus und die übrigen Verfasser des Neuen Testaments eine Überzeugung, die aus moderner, aufklärerischer Sicht sogar noch unverständlicher erscheint als ihr gemeinhin bekannter Glaube an die Auferstehung im Sinne eines dem Tode Jesu historisch gleichrangigen Faktums: die Überzeugung von der Wiederkehr Jesu zur Erde. Sie betrachten die Auferstehung als ein Geschehen, das als Vorspiel für die Rückkehr Jesu, seinen Triumph über die Kräfte des Bösen dient (1. Kor. 15,22 – 26). An jenem Tage werden alle Christen aufgrund der ihnen von Gott auferlegten Pflichten für ihre Treue – oder Untreue – zur Rechenschaft gezogen werden (Phil. 1,6 und 10; 2. Kor. 5,10; 1. Thess. 4,17; 5,23). Im 2. Thessalonicherbrief (bes. 1,7 – 12 und 2,8) nimmt die Beschreibung dieses Ereignisses am Ende des gegenwärtigen Zeitalters breiten Raum ein. Es ist ein Geschehen, das Paulus für ebenso historisch gesichert hält wie die Begebenheiten aus dem Leben Jesu. Auch in der Offenbarung des Johannes ist das Ereignis der Wiederkehr Jesu und sein Strafgericht über die gesamte Menschheit eines der Hauptthemen. Läßt man die Frage nach der Zuverlässigkeit dieser Voraussagen über die Zukunft gänzlich beiseite, so gibt es – wie wir in unserer Analyse der Evangelien-Überlieferung feststellen werden – in diesen wesentlichen Punkten eine direkte Entsprechung zur Botschaft Jesu, wie sie die Evangelien vermitteln. So gründet sich die Zukunftsgewißheit der neutestamentlichen Autoren auf vergangenes Geschehen, von dessen Faktizität sie – vielfach aufgrund persönlicher Erfahrungen – überzeugt sind.

Die Lehren Jesu

Aus den Übereinstimmungen zwischen den Erwartungen, die Paulus an die Wiederkehr Jesu knüpft, und den Prophezeiungen Jesu über seine Rolle in dem kommenden Gottesreich ergibt sich die noch umfangreichere Fragestellung, inwieweit die Darstellung der Worte und Werke Jesu in den Evangelien mit jener in anderen neutestamentlichen Zeugnissen übereinstimmt. Auch in diesem Fall gibt es zwar nur einige wenige, dafür aber um so bemerkenswertere Parallelen, die eine wesentliche historische Verbindung zur Person Jesu herstellen. So tauchen etwa nur zwei der in den Evangelien überlieferten moralischen Gebote Jesu in den Paulusbriefen auf: das Gebot der Nächstenliebe und die Vorschriften über Scheidung und Wiederverheiratung (Mk. 10,1 – 12; 12,28 – 34). Die grundsätzliche Forderung der Nächstenliebe wird von Paulus in Röm. 13,9 – 10 und 15,1 – 3 sowie in 1. Thess. 4,9 bekräftigt. Gal. 6,2 wird das Gebot der Nächstenliebe ausdrücklich mit dem »Gesetz Christi« gleichgesetzt. Seiner Warnung an die Korinther, eine Frau dürfe sich nicht von ihrem Mann scheiden lassen, fügt Paulus hinzu, nicht er, »sondern der Herr« (gemeint ist Jesus) habe diesen Befehl erteilt. Dieselbe Passage aus 1. Mose 2,24, die Jesus in Mk. 10,7 zitiert, erscheint in Eph. 5,31 – 33 als ein Appell zur gegenseitigen Liebe von Mann und Frau in der christlichen Gemeinschaft.

Ohne Parallele ist das Zitat eines Jesuswortes in Apg. 20,35. Es wird berichtet, Paulus habe eine Abordnung von Kirchenführern aus Ephesus ermahnt, »an das Wort des Herrn Jesu (zu gedenken), daß er gesagt hat: ›Geben ist seliger denn nehmen‹«. Dieses Wort läßt sich in keiner anderen Quelle innerhalb oder außerhalb des Neuen Testaments nachweisen. Doch beweist die Tatsache, daß dieser Ausspruch Jesus zugeschrieben wird, welche Bedeutung die Überlieferung seiner Lehren für die moralische Unterweisung der frühen Christengemeinden hatte.

Besondere Ereignisse im Leben Jesu

Zwei Begebenheiten aus dem Leben Jesu, von denen die Evangelien berichten, werden auch in den übrigen Schriften des Neuen Testaments erwähnt. Die eine, Jesu Verklärung, taucht nur noch an einer weiteren Stelle auf: 2. Petr. 1,17 – 18. Bezeichnenderweise will der Verfasser dieses Briefes seiner Botschaft dadurch Autorität verleihen, daß er sich als Zeugen dieses Geschehens zu erkennen gibt.

Vielfache Erwähnung außerhalb der Evangelien findet hingegen die Eucharistie oder das Letzte Abendmahl. Eine Analyse der Evangelien (s. Kap. 3) wird im einzelnen die Darstellungen dieses zentralen Ereignisses auf

die zahlreichen, voneinander abweichenden Details hin
untersuchen. Doch ist es bemerkenswert, daß sich Paulus
nicht nur auf das Letzte Abendmahl Jesu bezieht und
dabei dessen Worte zu diesem Anlaß zitiert, sondern darüber hinaus behauptet, er habe diese Überlieferung »vom
Herrn« empfangen; er gebe an die Kirchengemeinde von
Korinth nur das weiter, was er von Jesus erfahren habe –
vermutlich auf dem Wege der mündlichen Überlieferung,
wie etwa den Erzählungen der ersten Christengemeinden
über dieses Ereignis.

Im übrigen ist anzumerken, daß in der späteren paulini-
schen Tradition die Überzeugung fortdauert, die ethi-
schen Normen, nach denen sich die christlichen Gemeinden richteten, gründeten sich auf die »heilsamen Worte
unseres Herrn Jesu Christi« (1. Tim. 6,3). Der moralische
Appell dieser späteren Schriften stützt sich auf die Überlieferung, wonach Jesus seine Jünger zum Gehorsam aufgefordert habe.

Wundertaten Jesu

Obwohl weder Paulus noch die übrigen Autoren des
Neuen Testaments – mit der bemerkenswerten Aus-
nahme des Verfassers der Apostelgeschichte – eines der
Wunder Jesu oder seiner Jünger beschreiben, berichtet
Paulus über Heilungen, Zeichen und Wunder als Zeugnis
für das Wirken des Heiligen Geistes in seinem Volk.
Nach 1. Kor. 12,9 gehört das Vermögen zu heilen zu den
Gaben des Geistes; und 1. Kor. 12,28 weist dem Wunderheiler eine Führungsrolle innerhalb der Kirche zu. Tatsächlich zählt die Fähigkeit, Zeichen und Wunder zu
vollbringen, zu den Merkmalen eines Apostels (2. Kor.

12,12). Es wird sogleich darum gehen, in welcher Form
die Apostelgeschichte über Heilungen, Zeichen und
Wunder der Apostel berichtet, die jenen vergleichbar
sind, welche von Jesus in den Evangelien überliefert werden. Zuvor jedoch muß festgehalten werden, daß Heilungen und Wunder von Beginn der christlichen Bewegung
an als Ausdruck der Kontinuität zwischen dem Wirken
Jesu und jener Taten betrachtet wurden, die fortan seine
Jünger zu vollbringen imstande waren.

Der Autor der Apostelgeschichte schreibt den Aposteln
Wundertaten der gleichen Art zu, wie sie von Jesus im
Lukasevangelium berichtet werden, das in der Apostelgeschichte seine Fortsetzung findet. Petrus heilt einen
Lahmen (3,6); Philippus betätigt sich als Exorzist
(8,5 – 8); Ananias macht Paulus sehend, der im Augenblick seiner Bekehrung erblindet ist (9,17); Petrus heilt
den gichtbrüchigen Aeneas (9,34); und Paulus macht
einen Lahmen gehend (14,8 – 10). In Apg. 20 erweckt
Paulus einen Toten zum Leben. Es wird ausdrücklich
betont, daß die Fähigkeit zu heilen von Gott verliehen
und durch den Namen Jesu wirksam werde (4,27 – 31).
Dieser Name ist so mächtig, daß ihn einige berufsmäßige
Geisterbeschwörer für ihre Zwecke auszubeuten suchen
(19,13 – 14). So ergibt sich ein stimmiges Bild: Die Leser
der Apostelgeschichte und vermutlich all jene, die von
Jesus gehört haben, wissen von ihm, daß er selbst wunderbare Taten vollbracht und bewirkt hat und weiter
bewirken wird. Seine historische Existenz als Wundertä-
ter wird sowohl von Anhängern als auch Nicht-Anhän-
gern der Bewegung um Jesus als gegeben angenommen.

Jesu Prophezeiungen zum Gottesgericht über
das Volk Israel

Zwei andere Aspekte der Überlieferung zum Wirken
Jesu lassen sich auch in den übrigen Büchern des Neuen
Testaments nachweisen: die Prophezeiung über die Zerstörung des Tempels als des Ortes, an dem Gott inmitten
seines Volkes wohnt, und die Neudefinition des Gottesvolkes. Im Zusammenhang mit dem ersten Thema weist
Paulus wiederholt auf den Umstand hin, daß Gottes
neuer Tempel sein Volk, die Kirche sei. Unter Verwendung architektonischer Metaphorik beschreibt Paulus
das neue Bauwerk, das Gott errichtet hat, und dessen
Grundstein Jesus Christus ist (1. Kor. 3,10 – 17). Dann
jedoch fährt er fort, die Gläubigen selbst seien Gottes
Tempel und der Geist Gottes wohne in ihnen. Dies
bekräftigt er noch einmal ausdrücklich in 2. Kor. 6,16:
»Denn wir sind der Tempel des lebendigen Gottes.«
1. Kor. 6,19 und Röm. 12,1 benutzen dieselbe Symbolik,
um diese grundlegende Aussage zu treffen. Das Bild wird
in Eph. 2,14 – 20 noch weiter entwickelt, wenn Paulus
davon spricht, das Haus Gottes wachse zu »einem heiligen Tempel im Herrn« heran. Eine ähnliche Beschreibung bietet 1. Petr. 2,5 für die Gemeinschaft der Gläubigen, die aufgefordert werden, sich zum geistlichen Hause
und zum heiligen Priestertum bauen zu lassen. Wie wir
sehen werden, fügt sich dies zum Inhalt der Voraussagen
Jesu über die Zerstörung des Tempels – eine Äußerung,
die den politischen und religiösen Mächten durchaus als
Anstoß gedient haben mag, sich im Bemühen, seiner ledig
zu werden, zu verbinden.
Ein solcher Glaubenssatz, von Jesus selbst oder in seinem

Namen aufgestellt, muß eine bedrohliche Herausforderung für seine jüdischen Zeitgenossen gewesen sein; womöglich noch provokanter die bei Paulus und auch in den übrigen Schriften vielfach belegte Neubestimmung der Zugehörigkeit zum Volk Gottes wie auch dessen hierarchischer Gliederung. Paulus' eigener Ansatz zur Neudefinition des Gottesvolkes ist unmittelbar mit Jesus Christus verknüpft. Wie Paulus im vielleicht ältesten erhaltenen Brief (Gal. 3,25 – 26; 4,5) versichert, werden in der Gemeinschaft der Anhänger Jesu all jene Unterscheidungskriterien abgeschafft, die im Selbstverständnis der Juden eine Rolle gespielt haben. Dazu gehören die Merkmale Jude/Heide, Mann/Frau, Sklave/Freier. Weder das Gebot der Beschneidung noch die Speisevorschriften, die den historischen Rahmen der jüdischen Identität gebildet hatten, sind im neuen Gottesvolk in Kraft. Paulus betrachtet jene, die von dieser Reglementierung befreit sind, als die wahren Kinder Abrahams (Gal. 3,29 – 4,7). In Röm. 9 – 11 setzt er sich noch immer mit den Auswirkungen dieser radikalen Erneuerung auf das Schicksal des historischen Israel auseinander, doch macht er keinerlei Zugeständnisse, die die Festlegung von Gesetzesvorschriften für die Zugehörigkeit zum Erwählten Volk betreffen. Alle, die Jesus vertrauen, sind Kinder Gottes.

Jesu Wirken in außerirdischen Sphären

Eine der späteren neutestamentlichen Schriften liefert einen kurzen Bericht über ein Ereignis, das sich im Leben Jesu zugetragen haben soll, das jedoch in den Evangelien keine Erwähnung findet. 1. Petr. 3,19 sagt aus, Jesus habe »gepredigt den Geistern im Gefängnis«. Dies ist offen-

sichtlich ein Hinweis auf die Jesus von Gott angeblich
eröffnete Möglichkeit, jenen die Botschaft von der Erlösung des Menschen zu verkündigen, die es in ihrem
Leben – vor der Sintflut – versäumt haben, auf das Wort
Gottes zu vertrauen und ihm Gehorsam zu leisten. »Im
Gefängnis« bedeutet in diesem Zusammenhang wohl
einen Ort, an dem die Seelen der Verstorbenen in einer
Art (unterirdischem?) Lager gefangengehalten werden
und wo sie die endgültige Entscheidung über ihr Schicksal in der Ewigkeit erwarten. Vorstellungen wie diese finden sich auch im Judentum und in der griechischen
Mythologie aus der Zeit Jesu, haben also wohl von dort
aus vereinzelt Eingang in frühchristliches Gedankengut
gefunden. Dieser Gedanke lebt auch in verschiedenen
Fassungen des christlichen Glaubensbekenntnisses fort,
in denen es heißt, Jesus sei nach seiner Kreuzigung und
Grablegung »niedergestiegen zur Hölle«, dem Wohnort
der Seelen der Verstorbenen. Dieser Vorgang findet sich
nirgendwo anders im Neuen Testament dokumentiert,
und auch die Evangelien enthalten selbstverständlich keinen derartigen Hinweis. Bedenkt man, daß dieses eigen-
artige Detail einer Schrift des Neuen Testaments entstammt, so dürfen weitere befremdliche Ergänzungen zu
den neutestamentlichen Berichten über die Worte und
Taten Jesu nicht weiter verwundern.

Belege aus apokryphen Evangelien und Akten

Die schriftlich fixierten Überlieferungen zu Leben und
Wirken Jesu aus dem 2. Jahrhundert und späterer Zeit
finden sich sowohl in solchen Schriften, die in mancher

Hinsicht den kanonischen Evangelien ähneln, als auch in Sammlungen der Worte Jesu. Von besonderem Interesse sind jene Dokumente, in denen es in Abgrenzung zu den Darstellungen seiner Taten um die ihm zugeschriebenen Aussprüche geht. Andere Schriften aus der Zeit vom 2. Jahrhundert an haben ausdrücklich auch eine Schilderung seines Wirkens zum Ziel. Die Quellen dieser außerbiblischen Zeugnisse über Jesus lassen sich wie folgt kategorisieren: (1) Überlieferungen, die den kanonischen Evangelien inhaltlich nahestehen; (2) judenchristliche Evangelien; (3) gnostische oder geheime Evangelien und (4) Ergänzungen zu den Evangelien. Es wird zu fragen sein, ob diese Quellen verläßliche Zusatzinformationen über Jesus bieten. Wir werden im folgenden die Belege zusammenfassend bewerten.

Evangelien mit inhaltlicher Nähe zu den kanonischen Schriften

Die umfassendste inhaltliche Übereinstimmung mit den kanonischen Evangelien weisen Texte aus Sammlungen der Worte Jesu auf. Bei einigen dieser Herrenworte handelt es sich lediglich um Varianten der entsprechenden Passagen in den bekannten Evangelien, meist eingeleitet durch die einfache Floskel: »Es spricht Jesus«. Antike Kopien dieser Überlieferungen wurden in der zweiten Hälfte des 19. Jahrhunderts und in unserem Jahrhundert in Ägypten entdeckt. Die Texte sind auf Papyrus geschrieben, das sich in trockenen Regionen erstaunlich gut erhält. Eine dieser fragmentarisch erhaltenen Schriften, *Papyrus Oxyrhynchus*, zitiert z. B. – unter Umstellung eines einzigen Wortes – aus Lk. 6,42: »Und dann magst du zusehen, den Splitter auszuziehen, der im Auge deines Bruders ist« (Pap. Ox. 1,1 – 4). Andere sind Erweiterungen oder Varianten der kanonischen Jesus- worte, wie etwa Pap. Ox. 1,31 – 36, eine Paraphrase von Lk. 4,23 – 24: »Es spricht Jesus: Nicht ist willkommen ein Prophet in seiner Heimat, noch vollbringt ein Arzt Hei- lungen an denen, die ihn kennen.« Lukas zitiert lediglich: »Kein Prophet ist angenehm in seinem Vaterlande.« Die isolierte Spruchform könnte die ursprünglichere, von Lukas dann verdichtete Fassung sein. Wahrscheinlicher aber noch dürfte es sich um die Ausgestaltung des ent- sprechenden Wortes Lk. 4,23 handeln: »Ihr werdet frei- lich zu mir sagen dies Sprichwort: Arzt, hilf dir sel- ber!«

Andere Jesusworte aus diesen Quellen finden nicht nur keinerlei Entsprechung in den kanonischen Evangelien, sondern stehen zudem im Widerspruch zu den Jesus dort zugeschriebenen Grundsätzen. Entgegen den wiederhol- ten Vorwürfen, Jesus schände den Sabbat und mißachte die Fastengebote, heißt es Pap. Ox. 1,4 – 11: »Es spricht Jesus: Wenn ihr nicht fastet (in bezug auf) die Welt, wer- det ihr nicht finden das Reich Gottes, und wenn ihr nicht sabbatlich heiligt den Sabbat, werdet ihr nicht sehen den Vater.« Ein weiteres Beispiel bietet der folgende Ver- gleich. Während Lk. 7,34 Jesus seinen Verleumdern die Worte in den Mund legt: »Siehe, der Mensch ist ein Fres- ser und Weinsäufer, der Zöllner und Sünder Freund!« berichtet Pap. Ox. 1,11 – 22: »Es spricht Jesus: Ich trat auf inmitten der Welt, und im Fleische erschien ich ihnen und fand alle trunken, und keinen fand ich durstig unter ihnen, und es müht sich meine Seele um die Menschen- kinder, weil sie blind sind in ihren Herzen und nicht

sehen . . .« Ganz offensichtlich sehen wir uns hier zwei
unvereinbaren Behauptungen gegenüber: Entweder war
Jesus ein Asket und beachtete die jüdischen Sabbat- und
Fastengesetze mit aller Genauigkeit (wie es die Überlieferung dieser späten Sprüchesammlung zum Ausdruck bringt), oder er war ein freigesinnter, lebensbeja-
hender Mensch, der all jenen zugetan war, die durch die
jüdischen Gesetze und Gebräuche aus der religiösen
Gemeinschaft ausgeschlossen waren (so, wie ihn die
kanonischen Evangelien darstellen). Doch auch die spätere Überlieferung der Wortsammlungen zeichnet keineswegs einheitlich das Bild eines gesetzestreuen Aske-
ten. Ein anderes Papyrus-Fragment, Pap. Ox. 10,175,
überliefert ein Jesusbild, das gerade in der Frage seiner Offenheit gegenüber gesellschaftlich Ausgegrenz-
ten demjenigen der kanonischen Evangelien (s. Mk.
2,16 – 17) weitaus näherkommt: »Die Schriftgelehrten
aber und Pharisäer und Priester, als sie ihn sahen, waren
aufgebracht, daß er mit Sündern inmitten zu Tische lag.
Jesus aber hörte es und sprach: Nicht nötig haben die
Gesunden den Arzt.«

Wie sich zeigt, bietet jene Überlieferung, die die größten
Parallelen zu den kanonischen Evangelien aufweist,
keine wesentliche Zusatzinformation über Jesus. Sie
besteht fast zur Gänze aus Herrenworten und enthält
daher auch keinerlei ergänzende Details im erzählerischen Bereich. Zum Teil paraphrasiert sie lediglich die
Jesuszitate der kanonischen Evangelien; dann wieder
steht sie in bezug auf jene Fragen, die den kanonischen
Evangelien zufolge im Konflikt zwischen Jesus und der
jüdischen Führung ausschlaggebend waren, in solch
krassem Widerspruch zu den neutestamentlichen Evan-

gelien, daß diesen aufgrund ihrer größeren historischen
Verläßlichkeit der Vorrang gegenüber der späteren Überlieferung eingeräumt werden muß.

Judenchristliche Evangelien

Der Hinweis auf die jüdische Führung leitet über zu
einer weiteren möglichen Informationsquelle außerhalb
des Neuen Testaments – den sogenannten judenchristli-
chen Evangelien, von denen bei verschiedenen Autoren
der frühen Kirche die Rede ist. Vorrangig ist hier das
»Hebräerevangelium« zu nennen, das in den christlichen
Schriften vom 2. bis 4. Jahrhundert häufig erwähnt wird,
von dem aber nie eine Kopie gefunden wurde und auch
keine umfangreicheren Zitate im Werk anderer Autoren
enthalten sind. Origines von Alexandria (frühes 3. Jahrhundert) zitiert aus diesem Evangelium eine Äußerung
Jesu, wonach ihn seine Mutter, der Heilige Geist, an
einem Haar auf den Berg Tabor getragen habe. Origines
mißt diesem Dokument offensichtlich keinerlei Bedeutung bei; und Eusebius, ein Kirchenhistoriker aus dem
4. Jahrhundert, ist der Ansicht, diese Schrift diene lediglich der Verbreitung einer Irrlehre.
Die kühnste These im Zusammenhang mit dem Hebräerevangelium findet sich bei Hieronymus, der erklärt, er
habe die Schrift eigenhändig aus dem Hebräischen ins
Griechische und Lateinische übertragen, und der behauptet, das Original stamme von Matthäus. Doch ist
die Argumentation des Hieronymus, das Matthäusevangelium müsse ursprünglich in hebräischer Sprache
geschrieben worden sein, weil die Zitate aus dem hebräischen Original und nicht aus der alten griechischen Bibel,

der Septuaginta, stammten, ganz einfach falsch. Tatsächlich basiert das Matthäusevangelium auf dem Evangelium des Markus, dessen biblische Zitate aus dem Griechischen übernommen sind und keineswegs einem hebräischen Urtext entstammen. Es scheint, als sei die Annahme einer hebräischen Vorlage der Evangelientexte für Hieronymus und andere Mitglieder der frühen Kirche von besonderem Reiz gewesen, weil sie mit der Vorstellung verbunden war, eine solche Quelle führe unmittelbarer an Jesus heran als ein griechisches Evangelium. Doch wie alle verfügbaren Zeugnisse belegen, ist hier der Wunsch der Vater des Gedankens: Die älteste uns zugängliche Textquelle ist in griechischer Sprache verfaßt. Dabei ist jedoch zu erwähnen, daß Griechisch die Umgangssprache in der mediterranen Welt jener Epoche war, und daß zur Zeit der Geburt Jesu so wenige Juden Hebräisch oder Aramäisch sprachen (das sich zur wichtigsten semitischen Sprache im Mittleren Osten entwickelt hatte), daß die Bibel ins Griechische übersetzt werden mußte, sollte sie von der Mehrheit der Juden verstanden werden. Erst als sich nach der Zerstörung des Tempels und der Niederlage der jüdischen Nationalisten im frühen 2. Jahrhundert ein Großteil der Juden der rabbinischen Bewegung zuwandte, gewannen das Hebräische wie auch das Aramäische ihre Bedeutung als religiöse Hauptsprachen zurück.

Gnostische Evangelien

Erhebliches – sowohl wissenschaftliches wie populäres – Interesse erregte im Jahre 1945 die Entdeckung einer Bibliothek mit Schriftstücken aus einer gnostischen Sied-

lung bei Nag Hammadi in Oberägypten. Als die Texte
der Bibliothek 1977 übersetzt und veröffentlicht wurden,
konzentrierte sich die Aufmerksamkeit vor allem auf das
Evangelium des Thomas. Auszüge aus dieser Schrift
waren bereits durch Zitate in den Werken von Autoren
aus dem 2. Jahrhundert und aus späterer Zeit sowie aus
den Sammlungen von Aussprüchen Jesu bekannt, die sich
in den ägyptischen Papyrus-Fragmenten fanden. Die in
Nag Hammadi entdeckten Schriften sind in koptischer
Sprache verfaßt, einer Form des Ägyptischen, die sich
hauptsächlich des griechischen Alphabets bedient und bis
heute von ägyptischen Christen gebraucht wird.

Das Thomasevangelium enthält keine erzählenden Passagen, sondern ausschließlich Herrenworte, denen die
Bemerkung vorausgeschickt wird: »Dies sind die geheimen Worte, die Jesus, der Lebendige, gesprochen hat,
und die aufgeschrieben hat Didymus Judas Thomas.«
Viele der Aussprüche haben keinerlei Parallelen in den
kanonischen Evangelien, wie etwa der folgende: »Jesus
hat gesagt: Selig ist der Löwe, den der Mensch auffressen
wird, und der Löwe wird zum Menschen. Und verab-
scheuungswürdig ist der Mensch, den der Löwe auffressen wird, und der Löwe wird zum Menschen« (Thom. 7).
Ein ständig wiederkehrendes Thema dieser Schrift ist das
geheime, zeitlose Wissen, das allein den Auserwählten
vorbehalten bleibt. Dazu die folgenden Beispiele: »Jesus
hat gesagt: Selig sind die Einsamen und die Erwählten;
denn ihr werdet das Reich erlangen; denn ihr seid aus ihm
und ihr werdet wiederum dorthin zurückkehren« (49).
Und: »Jesus hat gesagt: Wenn sie euch sagen ›Von wo
kommt ihr?‹, so sagt ihnen: ›Wir sind gekommen von
dem Licht da, wo das Licht aus sich selbst hervorgeht. Es

hat sich aufgerichtet, und es hat sich offenbart in ihrem Bilde.‹ Wenn sie euch sagen ›Wer seid ihr?‹, sagt: ›Wir sind seine Söhne und wir sind die Erwählten des Vaters, der lebendig ist.‹ Wenn sie euch fragen: ›Welches ist das Zeichen eures Vaters, das in euch ist?‹, sagt ihnen: ›Das ist eine Bewegung und eine Ruhe‹‹ (50). Zudem enthält das Thomasevangelium Varianten einer Vielzahl von bekannten Gleichnissen Jesu, teils in verkürzter, teils in ausgearbeiteter Form.

Das vielleicht aufschlußreichste der im Thomasevangelium gesammelten Worte Jesu ist die erweiterte Fassung der Äußerung Jesu, in das Königreich Gottes könne nur gelangen, wer es empfange wie ein Kind (vgl. Mk. 10,13 – 16; Mt. 19,13 – 15; Lk. 18,15 – 18). Im bekannten Kontext der Evangelien scheinen diese Worte zu besagen, daß Kinder unbefangen und neugierig entgegennehmen, was ihnen dargeboten wird, ohne sich über den Wert des Geschenkten Gedanken zu machen. Im Thomasevangelium hingegen ist das Kind ein Symbol der Asexualität – ausgehend von der Vorstellung, daß Gott der biblischen Überlieferung zufolge Mann und Frau durch die Teilung Adams erschuf. Bei Thomas lautet der Text:

Jesus sah Kleine, die gesäugt wurden. Er sagte zu seinen Jüngern: »Diese Kleinen, die gesäugt werden, gleichen denen, die ins Königreich eingehen.« Sie sagten ihm: »Wenn wir also Kinder werden, werden wir in das Königreich eingehen?« Jesus sagte zu ihnen: »Wenn ihr aus zwei eins macht und wenn ihr das Innere wie das Äußere macht und das Innere und das Obere wie das Untere, und wenn ihr aus dem Männlichen und dem Weiblichen eine Sache macht, so daß das Männliche nicht männlich und das Weibliche nicht mehr weiblich ist, und wenn ihr Augen macht statt eines Auges und eine Hand statt einer Hand und einen Fuß statt eines Fußes, ein Bild statt eines Bildes, dann werdet ihr in das [Königreich] eingehen.«

Wie im Falle jener Worte Jesu, die den Schluß nahelegen, er sei ein Asket gewesen, gilt es auch hier, die Wahl zwischen zwei unvereinbaren Darstellungsmustern zu treffen: dem einen, das in ihm den Befürworter menschlicher Sexualität als eines grundlegenden, dauerhaften Wertes sieht, welcher sich darin manifestiert, daß Gott den Menschen als Mann und Frau geschaffen hat (Mk. 10,6; vgl. 1. Mose 1,27) – und dem anderen, das in Jesus die Hoffnung auf eine Befreiung des Menschen von seiner sexuellen Identität verkörpert sieht, so wie es der eben zitierte Text aus dem Thomasevangelium zum Ausdruck bringt. Das Jesuswort über die Kindwerdung des Menschen und seine Äußerung über die menschliche Sexualität als inhärenten Bestandteil der göttlichen Schöpfung folgen in Mk. 10 unmittelbar aufeinander. Es scheint außer Frage zu stehen, daß das Thomasevangelium eine Neudeutung der christlichen Überlieferung durch die Gnostiker des 2. Jahrhunderts darstellt. Die Anhänger dieser religiösen Strömung betrachteten die Welt nicht als Schöpfung Gottes, sondern als das Werk einer feindlichen Kraft. Sie waren der Überzeugung, Jesus sei als Erlöser aus dem Reich des wahren Gottes erschienen, um jenen Menschen die Wahrheit zu enthüllen, die dafür empfänglich seien. Er sei zeitweise mit dem physischen Universum in Berührung gekommen (oder habe lediglich diesen Anschein erweckt), sei dann aber wieder daraus entflohen. Sein eigentliches Ziel sei es, diejenigen, denen er die Erkenntnis (d. h. die Gnosis) mitgeteilt habe, zu befähigen, mit ihm aus dem physischen Universum in das Reich des Lichts zu entfliehen. Ein Teil der Gnostiker glaubte seine Freiheit von der Welt durch einen libertinistischen Lebensstil dokumentieren zu müssen, während sich für andere ihre Erhabenheit über das physische Universum in strenger Askese manifestierte. Alle bereits erwähnten Merkmale des Thomasevangeliums entsprechen diesem Schema: die Forderung nach Askese, der Gedanke einer Erkenntnis, deren Ursprung jenseits irdischer Sphären zu suchen sei, und die Ablehnung der Sexualität als Ausdruck physischen Seins – kurzum, das Thomasevangelium bietet keine älteren Überlieferungen zu Leben und Wirken Jesu, legt jedoch Zeugnis über eine der Auslegungen ab, welche die Überlieferung im 2. Jahrhundert und danach erfuhr. Weitere Belege einer solchen Neudeutung der Evangelientradition bieten Dokumente wie die *Sophia Jesu Christi* (Weisheit Jesu Christi) und die Johannesakten. In all diesen späten Schriften erscheint Jesus als Überbringer einer geheimen Weisheit. Nicht eine der wichtigsten Funktionen, die er – als Heiler, Exorzist und vor allem als Opfer durch seinen Tod am Kreuz – in der älteren evangelialen Tradition erfüllt, wird ihm in diesen späten esoterischen, spekulativen Schriften zuerkannt.

Gab es ein Geheimes Evangelium?

Bei Clemens von Alexandria (gest. 215), einem Schriftsteller des späten 2. Jahrhunderts, findet sich der Hinweis auf ein Geheimes Markusevangelium. In seiner scharfen Kritik an einer als Karpokratianer bekannten Gruppe von Gnostikern erhebt Clemens den Vorwurf, diese hätten das Geheime Evangelium veröffentlicht und erheblich verfälscht. Das Original sei eine Sammlung geheimen Wissens über Worte und Taten Jesu, das Petrus in Rom dem Markus anvertraut habe. Dieses Material sei ausschließlich für die eingeweihten Mitglieder der Kirche bestimmt. Zudem existiere eine gekürzte, bearbeitete Fassung für jene, die eine Aufnahme in den Kreis der Eingeweihten anstrebten. Diese zweite Fassung sei das Markusevangelium in der Form, wie es sich im Neuen Testament darstelle. Das Geheime Evangelium sei, so berichtet Clemens, von Markus nach Alexandria gebracht und dort geheimgehalten worden, bis die Karpokratianer ein Mitglied der Kirche dazu verleitet hätten, eine Abschrift anzufertigen. Als sie die geheime Version dann verbreiteten, hätten sie daran Veränderungen vorgenommen, um ihren Anstoß erregenden, libertinistischen Lebensstil zu rechtfertigen.

Im Jahre 1973 behauptete Morton Smith, ein Historiker an der Columbia University, er habe 1958 die Abschrift eines von Clemens stammenden Briefes entdeckt, der sich mit diesem Geheimen Evangelium befasse. Seinen Angaben zufolge fand er das Schriftstück im Einband eines Buches aus der Bibliothek des Klosters Mar Saba in Palästina, östlich von Jerusalem. In Smiths Behauptungen klingt der Bericht des Johannes von Damaskus (eines Gelehrten der Ostkirche, 715 – 750) nach, er habe in Mar Saba eine Sammlung von Briefen des Clemens von Alexandria gefunden. Die dortige Bibliothek wurde jedoch im 18. Jahrhundert durch ein Feuer vernichtet, wobei einzelne Manuskripte und antike Buchausgaben der Zerstörung durchaus, wenn auch beschädigt, entgangen sein mögen. Smith erhebt nun den Anspruch, die im späten 18. Jahrhundert entstandene Abschrift eines Briefes von

Clemens an einen gewissen Theodorus (eine Person unbekannter Identität) gefunden zu haben. In diesem Brief trifft Clemens die Unterscheidung zwischen dem uns bekannten Markusevangelium und dem Geheimen Evangelium, einer spirituellen Version, die dazu bestimmt gewesen sei, jene, die bereits in die christlichen Mysterien eingeweiht gewesen seien, in das innerste Heiligtum der Wahrheit einzuführen. Smith ist der Ansicht, mit dem »Geheimnis des Reiches Gottes« (vgl. Mk. 4,11) sei eine von Jesus an auserwählten Jüngern vollzogene Taufe zu nächtlicher Stunde und bei nacktem Leibe gemeint (vgl. Mk. 14,51 – 52), die auch eine körperliche Vereinigung beinhaltet habe. Hierin fände die libertinistische Strömung der gnostischen Bewegung ihren Ausdruck. Eine solche Darstellung Jesu als eines Initianten homosexueller Akte habe somit ganz im Einklang mit der ausschweifenden Lebensweise jener Gruppe von Gnostikern gestanden, der Clemens nicht nur die Veröffentlichung des Geheimen Markusevangeliums, sondern darüber hinaus auch dessen Fälschung vorwarf. Einige Wissenschaftler, die zwar Smiths Ansicht über den Inhalt des Mysteriums nicht teilten, stimmten dennoch der These von der Existenz eines Geheimen Markusevangeliums zu, dessen verkürzte Version uns heute im kanonischen Markusevangelium vorliege. Dieser erst jüngst entdeckte Brief – den einige Kritiker für eine moderne Fälschung halten – enthält zwei Erzählungen, die im Markusevangelium fehlen: einen Bericht, in dem Jesus einen Jüngling von den Toten erweckt, und eine Beschreibung der ablehnenden Haltung, welche die Mutter des Knaben und deren Freund Jesus gegenüber einnehmen. Die zweite Erzählung impliziert, daß diese beiden die homo-

sexuellen Beziehungen Jesu zu seinen männlichen Gefährten mißbilligen.

Die weitaus schlüssigere Erklärung für diese Texte ist die,
daß eine Mehrheit der Christen im Alexandria des
2. Jahrhunderts von den Lehren der Gnostiker gleicher-
maßen angezogen wie abgestoßen wurde. Während Clemens und die Christen um ihn einerseits deren ausschweifenden Lebensstil ablehnten, festigten sie andererseits die Vorstellung einer geheimen Wahrheit, die Gott
durch Jesus den Gläubigen vermittele. Im kanonischen
Markusevangelium wie an anderer Stelle der evangelialen
Überlieferung bezieht sich das »Geheimnis des Reiches
Gottes« eindeutig auf das anbrechende Neue Zeitalter, in
dem die Macht des Bösen gebrochen werden und die
Herrschaft Gottes den Sieg davontragen wird. Jesus deutet seinen Jüngern an, wie dies geschehen werde, und
beteiligt sie zudem an der Vorbereitung des Geschehens,
das sie durch die Botschaft, die sie verkünden, durch
Wunderheilungen und Exorzismus herbeiführen sollen.
Da diese Heilserwartung im 2. Jahrhundert jedoch an
Kraft verlor und die Kirchenführer sich zunehmend mit
philosophischen Theorien beschäftigten, neigten sie
zwangsläufig dazu, stärkeres Gewicht auf die individu-
elle Erkenntnis zu legen, die Jesus, wie es hieß, den von
ihm Erwählten gewährte. Über das wahre Alter und die
Echtheit des Clemensbriefes wird so lange Ungewißheit
herrschen, bis ihn auch jene Wissenschaftler, die sich
Smiths Interpretation nicht anschließen, einer eingehen-
den Prüfung unterzogen haben. Doch wie die übrigen
nicht-testamentlichen Zeugnisse, die hier untersucht
wurden, steht auch diese Schrift in krassem Gegensatz zu
dem Bild Jesu, wie es die kanonischen Texte überliefern

und wie es die Hinweise auf Jesus in der säkularen Literatur des 1. und 2. Jahrhunderts widerspiegeln. Ebenso
wichtig ist, daß die in dieser Schrift angesprochenen Normen und Problemstellungen mit denen übereinstimmen,
die uns aus anderen kirchlichen Quellen sowie aus Zeugnissen der römischen Gesellschaft im späten 2. sowie
im 3. und 4. Jahrhundert bekannt sind – wenn diese
auch größtenteils im Widerspruch zum Neuen Testament
stehen.

Ergänzende Evangelien

Zum Schluß wollen wir uns noch kurz solchen Schriften
zuwenden, die in anderer Weise den Anspruch erheben,
das Wissen, welches die kanonischen Evangelien über
Jesus vermitteln, zu ergänzen. Dazu zählen jene apokry-
phen Evangelien, die nähere Einzelheiten zu Geburt und
Tod Jesu anbieten. So berichtet das Kindheitsevangelium
des Thomas über das Verhalten des heranwachsenden
Jesus in den ersten Lebensjahren. Welche Normen und
Ziele diese Schrift verfolgt, mögen die folgenden beiden
Beispiele verdeutlichen:

(2.1) Als dieser Knabe Jesus fünf Jahre alt geworden war,
spielte er an der Furt eines Baches; das vorbeifließende
Wasser leitete er in Gruben zusammen und machte es
sofort rein; mit dem bloßen Worte gebot er ihm. Er berei-
tete sich weichen Lehm und bildete daraus zwölf Sperlinge. Es war Sabbat, als er dies tat. Auch viele andere Kinder spielten mit ihm. Als nun ein Jude sah, was Jesus am
Sabbat beim Spielen tat, ging er sogleich weg und meldete
dessen Vater Joseph: Siehe, dein Knabe ist am Bach, er hat
Lehm genommen, zwölf Vögel gebildet und hat den Sab-

bat entweiht. Als nun Joseph an den Ort gekommen war und es gesehen hatte, da herrschte er ihn an: Weshalb tust du am Sabbat, was man nicht tun darf? Jesus aber klatschte in die Hände und schrie den Sperlingen zu: Fort mit euch! Die Sperlinge öffneten ihre Flügel und flogen mit Geschrei davon. Als aber die Juden das sahen, staunten sie, gingen weg und erzählten ihren Ältesten, was sie Jesus hatten tun sehen.

An anderer Stelle schreibt das Kindheitsevangelium Jesus einen gewissen Hang zur Rachsucht zu:

(3.1) Der Sohn des Schriftgelehrten Annas aber stand dort bei Joseph; er nahm einen Weidenzweig und brachte damit das Wasser, das Jesus zusammengeleitet hatte, zum Abfließen. Als Jesus sah, was geschah, wurde er aufgebracht und sprach zu ihm: Du Frecher, du Gottloser, du Dummkopf, was haben dir die Gruben und das Wasser zuleide getan? Siehe, jetzt sollst auch du wie ein Baum verdorren und weder Blätter noch Wurzel, noch Frucht tragen. Und alsbald verdorrte jener Knabe ganz und gar. Da machte Jesus sich davon und ging in das Haus Josephs. Die Eltern des Verdorrten aber trugen diesen, sein Jugendalter beklagend, weg, brachten ihn zu Joseph und machten ihm Vorwürfe: Solch einen Knaben hast du, der so etwas tut.

Auch das Protevangelium des Jakobus und die Pilatusakten enthalten ähnliche, von Wundern strotzende Details zu den Ereignissen, die der Geburt Jesu vorausgehen, zu Prozeß und Hinrichtung sowie zur Höllenfahrt Jesu. Diese Schriften vermögen zwar durchaus religiöse Neugier und Phantasie zu wecken, bieten aber keine neuen historischen Erkenntnisse zur Person Jesu. Implizit erheben sie den Anspruch, unser Wissen über Jesus zu ergän-

zen; tatsächlich jedoch weicht das von ihnen entworfene
Jesusbild so entscheidend von dem früherer Quellen ab,
daß es mit diesen unvereinbar scheint. So vermitteln die
Sprüchesammlungen ein Bild, das Jesus weit eher an der
Erleuchtung eines engen Kreises seiner Anhänger interessiert zeigt als daran, den von der Gesellschaft Entfrem-
deten, Verstoßenen die Frohe Botschaft zu verkünden –
wie dies seiner Darstellung im Neuen Testament entsprä-
che. Die später entstandenen erzählenden Evangelien
schreiben Jesus zwei Eigenschaften – Prahlerei und Rachsucht – zu, die beide den Schilderungen der kanonischen
Evangelien, aber auch denen der nicht-christlichen historischen Zeugnisse widersprechen.

3. Kapitel

Die älteste Evangelien-Quelle

Die in den letzten Jahrzehnten des 1. Jahrhunderts gebo-
renen Christen verlangten danach, aus dem Munde der
Jünger Jesu von seinen Worten und Taten zu erfahren.
Dieses Verlangen finden wir vielleicht am eindrücklich-
sten bei Papias beschrieben, der, etwa 70 n. Chr. geboren,
bis zu seinem Tode um das Jahr 155 Bischof von Phrygien
in Kleinasien war. Von seinen zahlreichen Schriften sind
nur Fragmente erhalten (in Eusebius, *Kirchengeschichte*
III 39). Darin beschreibt Papias, wie er bemüht war, sich
von den Gefährten der Jünger wie etwa Andreas oder
Petrus und anderen Aposteln Kenntnisse über das Wirken Jesu zu verschaffen. Er beschreibt dies so: »Denn mir
schien, als könne mir das Wissen, welches sich aus Büchern erwerben ließe, nicht so viel nützen wie jenes aus
lebendigem, treuen Munde.«
Zwei wichtige Faktoren treten hier zutage: (1) Der Prozeß der mündlichen Überlieferung der Worte und Taten
Jesu setzte sich auch dann noch fort, als es bereits schriftliche Zeugnisse wie die Evangelien gab. (2) Häufig wurden die mündlichen den schriftlichen Berichten vorgezo-
gen. Diese Einstellung gegenüber der mündlichen Überlieferung unterscheidet sich erheblich von der unserer
Tage. Auf der Suche nach dem, was man für die Wahrheit
im Unterschied zum bloßen Geschwätz hält, verachtet
man mündliche Zeugnisse als bloßes »Gerede« und
bevorzugt schriftliche Belege für vergangenes Geschehen. Daher wäre es nicht verwunderlich, wenn es den

Evangelien vorausgehende und zugrunde liegende Zeugnisse gäbe, die eben jene Freiheit und Ungenauigkeit aufwiesen, wie man sie von mündlichen Quellen erwartet. Solche Quellen existierten mit an Sicherheit grenzender Wahrscheinlichkeit zeitgleich mit – oder sogar noch vor – dem ersten schriftlich fixierten Evangelium, dem Evangelium des Markus.

Was bedeutet Q?

Eine solche Quelle, deren Existenz und Inhalt sich aus diesen zwei Evangelien erschließen läßt, wurde offensichtlich von Matthäus und Lukas benutzt. Beide Autoren scheinen auf diese Quelle zurückgegriffen und sie für ihre jeweiligen Ziele geringfügig verändert zu haben. Die sogenannte Logienquelle, Spruchquelle oder, einfacher, Q – so die übliche Abkürzung nach dem Wort Quelle – enthält vorwiegend Worte Jesu, verweist an entscheidender Stelle aber auch auf sein Wirken. Der Inhalt dieser Quelle läßt sich mit einiger Sicherheit durch einen genauen Vergleich jener Textstellen im Matthäus- und Lukasevangelium bestimmen, in denen beide denselben Stoff behandeln, ihn jedoch in einer Überlieferung anbieten, die von der des Markusevangeliums, das sich nicht auf Q stützt, abweicht. Selbstverständlich finden sich in zahlreichen Punkten erhebliche Unterschiede zwischen Matthäus- und Lukasevangelium, und es läßt sich lediglich vermuten, daß die Autoren dort, wo sie Material anbieten, das sich an keiner anderen Stelle findet, jeweils auf eigene Quellen zurückgreifen und dabei das Material insgesamt im Sinne ihrer jeweiligen Ziele umgestalten. Doch dort, wo sie übereinstimmen und nicht an Markus orientiert sind, scheint Q die von beiden verwendete Quelle zu sein. Aus diesem bei Matthäus und Lukas übereinstimmenden Material läßt sich Q rekonstruieren.

Eine genaue Analyse dieses Textmaterials ergibt, daß Jesus hier als von Gott gesandter und ermächtigter Prophet erscheint, der das Weltende verkündigen soll und der seine Anhänger vor den Leiden warnt, die ihm wie seinen Anhängern bevorstehen, noch ehe das Neue Zeitalter anbricht. Einige dieser Prophezeiungen werden der »Weisheit Gottes« zugeschrieben (wie Lk. 11,49–51). Doch der Inhalt dieser Weissagung zeigt, daß Q nicht an sprichwörtlicher oder zeitloser Weisheit interessiert ist, daß sie Jesus vielmehr als einen Träger außergewöhnlicher Erkenntnisse über den göttlichen Plan und seine Bedeutung für das Gottesvolk schildert. Immer wieder erscheinen in den Textpassagen dieser Quelle unmittelbar an die Jünger gerichtete Warnungen, Belehrungen, Verheißungen und Deutungen, die sich mit Jesus als dem Werkzeug göttlichen Willens beschäftigen.

Da es sich bei Q nicht um ein schriftlich überliefertes Dokument, sondern um einen Textkorpus handelt, dessen Inhalte lediglich aus anderen Schriften zu erschließen sind, kann es keine absolute Gewißheit über den genauen Wortlaut geben. Dennoch deutet alles darauf hin, daß Lukas insgesamt weniger redaktionelle Eingriffe in den Stoff vorgenommen hat als Matthäus. Dieser Schluß gründet sich auf die Tatsache, daß zahlreiche Ausdrücke und Wendungen, die Matthäus bei seiner Bearbeitung des Markustextes wie auch in jenen Passagen gebraucht, die sich allein in seinem Werk finden, auch in seiner Version des Korpus Q auftauchen. Beispiele hierfür sind der wie-

derholte Gebrauch des Wortes »Gerechtigkeit« und die
Verwendung des Ausdrucks »Himmelreich« anstelle von
»Reich Gottes«. Obgleich auch Lukas mehrere Quellen
verwendet und erhebliche Mengen des Markustextes aus-
spart, um den Stoff in seiner Gesamtheit in seinem Sinne
umzuformen (s. Kap. 5, Das Lukasevangelium und die
allumfassende Botschaft Jesu), ist die Tatsache, daß er das
Textmaterial Q (anders als offensichtlich Matthäus) nicht
bearbeitet zu haben scheint, dazu angetan, die weitver-
breitete wissenschaftliche Ansicht zu untermauern, daß
Lukas' Version des Korpus Q sich enger am Original
orientiert. Matthäus hingegen hat bei der Bearbeitung
von Q ebenso wie bei der Adaption des Markustextes
eindeutig seine eigenen Ziele verfolgt. Daher werden wir
uns bei der Analyse der Quelle Q an Lukas orientieren
und alle Zitate dem Lukastext entnehmen. Dabei werden
wir den Stoff nicht chronologisch in der Reihenfolge seines Erscheinens in den uns bekannten Evangelientexten
untersuchen, sondern thematisch vorgehen. Es ist sehr
wahrscheinlich, wenn auch nicht absolut sicher, daß die
Überlieferung Q dem authentischen Wort und Wirken
Jesu am nächsten kommt.
Q ist vor den Evangelien entstanden und fügt sich in seiner Thematik – 1. Neudefinition der Gottesgemeinschaft
und 2. Darstellung Jesu als Werkzeug Gottes in der
Erneuerung seines Volkes – ausgezeichnet in das Bild des
Judentums im 1. Jahrhundert und stimmt erstaunlich
genau mit der bereits aufgezeigten Zielrichtung der frühesten neutestamentlichen Schriften überein.

Vorrecht und Verpflichtung der Jüngerschaft im Volk des Neuen Bundes

Die wohl bekannteste Ausformung der Lehren Jesu sind die sogenannten Seligpreisungen, in welchen Jesus verkündet, auf welche Art Gott sein getreues Volk gesegnet habe. Anstelle der formelhafteren und zugleich vertrauteren Version des Matthäus (»selig sind, die da geistlich arm sind . . .«, Mt. 5,3) findet sich bei Lukas die direkte, von Jesus an seine Jünger gerichtete Rede: »Selig seid ihr Armen; denn das Reich Gottes ist euer« (Lk. 6,20). Jede der Seligpreisungen des Q-Korpus – so, wie er im Lukastext erhalten ist – konstruiert einen Gegensatz zwischen Gegenwart und Zukunft: Die Gegenwart birgt für die Anhänger Jesu Entbehrungen und Gefahren; der endgültige Anbruch der Herrschaft Gottes hingegen wird den Lohn und die Genugtuung für Treue und Ergebenheit gegenüber Jesus bringen (6,21 – 22). Die Freude, die sie an jenem Tage empfinden werden, da Gott sie von allen Prüfungen und Nöten erlöst, verbindet sie mit den Propheten, die von ihren ungläubigen Zeitgenossen verfolgt wurden, denen Gott dereinst jedoch Gerechtigkeit widerfahren lassen wird (6,22 – 23): »Selig seid ihr, so euch die Menschen hassen und euch absondern und schelten euch und verwerfen euren Namen als einen bösen um des Menschensohnes willen. Freuet euch alsdann und hüpfet; denn siehe, euer Lohn ist groß im Himmel. Desgleichen taten ihre Väter den Propheten auch.« Dadurch, daß ihre Verkündigung der Botschaft Gottes an sein Volk auf Widerstand trifft und sie sich durch die soziale Führungsschicht aus der Gesellschaft ausgeschlossen sehen, stehen Jesus und seine Jünger in der Tradition der Propheten Israels.

Die vorgegebenen normativen Werte und Gesellschafts-
strukturen, deren Beachtung die Menschen von anderen
und sich selbst zu fordern gewohnt sind, stellt Jesus nun
als hinfällig dar. Liebe, nicht Vergeltung gilt nun als ange-
messenes Verhalten gegenüber Feinden und Angreifern.
Jesus ruft seine Jünger zu einer Reaktionsweise auf, die
ihre Gegner völlig überrascht und entwaffnet (6,27 – 35).
Gott wird die Gütigen und die Barmherzigen belohnen,
denn Güte und Barmherzigkeit machen das Wesen Gottes aus (6,36). Desgleichen sind die Jünger angehalten,
sich eines Urteils über andere zu enthalten und statt dessen – wie Gott selbst – Vergebung zu üben (6,37). Selbst-
kritik soll an die Stelle der Kritik am Nächsten treten
(6,41 – 42). Dabei reicht es nicht aus, das Wort Jesu zu
hören: Nur wer auch danach lebt, stellt sein Leben auf ein
unerschütterliches Fundament, das den Fährnissen stand-
hält, welche den Gläubigen bevorstehen (6,47 – 49).
Ebenso wie Jesus die überkommenen Verhaltensmuster
in Frage stellt, fordert er seine Jünger dazu auf, ausgerechnet mit jenem sozialen Verband zu brechen, dem sie
ihre eigentliche Identität verdanken: der Familie. Jene,
die sich seiner Bewegung anschließen wollen, müssen
sich darauf gefaßt machen, ihr Haus zu verlassen und sich
aller Verpflichtungen gegenüber Eltern und Familie zu
entledigen – im Gegensatz zu den wilden Tieren, die in
Höhlen und Nestern ein Leben in der Gemeinschaft führen. Der dringende Auftrag, den Jesus denen zugedacht
hat, die ihm folgen wollen, erlaubt es nicht einmal, den
toten Eltern die letzte Ehre zu erweisen oder von der
Familie Abschied zu nehmen (Lk. 9,57 – 62). Im Gegen-
teil: Wer sich Jesus anschließt, muß darauf vorbereitet
sein, daß in seiner Verwandtschaft heftiger Streit entbren-

nen wird (Lk. 12,49 – 56). Lk. 14,26 führt dramatisch die
Notwendigkeit eines radikalen Bruches mit der Familie
vor Augen: »So jemand zu mir kommt und haßt nicht
seinen Vater, Mutter, Weib, Kinder, Brüder, Schwestern,
auch dazu sein eigen Leben, der kann nicht mein Jünger
sein.« Einige Interpreten der Lehren Jesu haben sich
bemüht, die Wucht dieses Satzes durch die Hypothese
abzuschwächen, es handele sich hier um eine vorsätzliche
Übertreibung. Diese Worte enthalten jedoch die unmiß-
verständliche Aussage, daß die Aufgabe, zu der Jesus
seine Jünger beruft, absolute Priorität gegenüber dem
nahezu universellen menschlichen Wert der familiären
Bindung gewinnen muß.

Die Notwendigkeit, eine Entscheidung zwischen mehreren miteinander konkurrierenden Bindungen zu treffen,
wird in Lk. 16,13 noch einmal anders formuliert, wenn es
heißt, kein Knecht könne zwei Herren dienen. Die Natur
des Menschen erlaubt es ihm nicht, in einer gespaltenen
Loyalität zu leben. Es geht um eine Entscheidung zwischen vollkommener Hingabe an Gott und einem von
irdischen Werten (d. h. dem Mammon, einem semitischen Wort für Reichtum) beherrschten Leben. Noch
schwerwiegender klingt diese Entscheidung in Lk. 14,27,
wo Jesus seine Jünger auffordert, »das Kreuz zu tragen«,
was in diesem Falle bedeutet, in ihrer Ergebenheit – so
wie bald darauf Jesus selbst – auch den Tod am Kreuz in
Kauf zu nehmen.

Neben den Verhaltensnormen und Werten, die das neue
Gottesvolk auszeichnen, überliefert Q in aller Ausführlichkeit jene Aufträge, mit denen Jesus seine Jünger aussendet, um seine Botschaft zu verbreiten und jene Wunderheilungen zu vollbringen, in denen sich das kom-

mende Reich Gottes ankündigt, dem seine Jünger und
deren Anhänger zugehören werden (Lk. 10,2 – 20). Trotz
der großen Bedeutung, die dem kommenden Weltende
beigemessen wird (es erscheint hier als Ernte; die Jünger
als Erntearbeiter), sind es nur wenige, die an diesem entscheidenden Werk mitarbeiten (10,2). Da sie ihre Aufgabe im Namen Jesu ausführen, sind sie den Angriffen
jener, die ihnen und ihrer Botschaft feindlich gegenüber-
stehen, in hohem Maße ausgesetzt (10,3).
Bei der Erfüllung der ihnen auferlegten Pflicht, ihre
Zuhörer auf die kommende Gottesherrschaft vorzubereiten, ist ihnen jegliche Vorsorge für den eigenen finan-
ziellen Unterhalt selbst in geringstem Umfange untersagt. Bei ihrer Wanderung von Ort zu Ort sollen sie sich
mit dem begnügen, was ihnen an Verpflegung und Gast-
lichkeit geboten wird, statt nach bequemerer Unterkunft
zu suchen (Lk. 10,5 – 8). Sie sollen von der nahenden
Herrschaft Gottes künden (10,9), wobei ihre Wunderheilungen und Teufelsaustreibungen die Botschaft untermauern und belegen sollen, daß das Reich Gottes sich
durch die Worte und Taten Jesu und darüber hinaus
durch das offenbart, was seine Jünger durch ihn berufen
und befähigt sind, in seinem Namen zu vollbringen.
Weist eine Stadt sie ab oder verschmäht ihre Botschaft, so
sollen sie symbolisch den Staub dieser Stadt von den
Füßen schütteln. Doch kann eine solche Zurückweisung
die nahende Herrschaft Gottes in keiner Weise aufhalten,
wenn sie auch die Verkündigung des nahenden Gottesge-
richtes heraufbeschwört (10,11 – 12). Q vermittelt die
etwas paradoxe Anschauung, daß Gott, obgleich Liebe
und Vergebung die Hauptmerkmale der göttlichen Natur
sind, sein Liebesangebot mehr im Sinne einer Einladung

denn eines Zwanges an alle seine Kreaturen richtet. Folg-
lich werden jüdische Städte und Dörfer das Angebot, die
Zeichen der neuen Zeit hören und sehen zu können, verwerfen, während man den Worten und Taten Jesu und
seiner Jünger in heidnischen Zentren wie Tyrus und
Sidon mit Offenheit begegnet (10,13 – 16).

Was den Jüngern die Fähigkeit und den Mut verleiht,
ihrer Rolle als Künder des Gottesreiches treu zu bleiben,
ist die Gewißheit, daß Gott ihnen durch Jesus seine
Absichten enthüllt hat. Denen, die der ganzen Welt für
weise gelten, ist jener göttliche Plan verborgen geblieben;
jenen aber, die in den Augen der Welt kindlich, leicht-
gläubig und bar jeglicher weltlicher Klugheit sind, ist er
enthüllt worden (Lk. 10,21). Ausgerechnet diesen Menschen hat sich die Natur Gottes und sein Schöpfungsplan
offenbart. Das Werkzeug dieser Offenbarung ist Jesus,
von dem hier berichtet wird, er habe sich selbst lediglich
als »der Sohn« bezeichnet (10,22). Viele Menschen, einschließlich der Propheten und Könige Israels, waren in
der Vergangenheit bestrebt, die göttliche Absicht zu
erkennen, sind jedoch gescheitert. Nun hat Jesus sie seinen Jüngern kundgetan. Diese Erkenntnis und diese Verantwortung können ihnen in der Zeit der Prüfungen, die
dem Weltende vorausgehen, Kraft verleihen.

Das entscheidende Ziel dieser Offenbarung des göttlichen Planes an das Gottesvolk wird den Jüngern in dem
Gebet vorgegeben, das Jesus sie lehrt – in der Q-Fassung
des uns bekannten Vaterunsers. Es ist ein Aufruf, den
Namen Gottes zu verehren, das heißt, eine Forderung an
die Menschen, den Plan Gottes für die von ihm geschaf-
fene Welt in seiner Existenz und in seiner Gerechtigkeit
anzuerkennen. Diese Erkenntnis wird dann zum Durch-

bruch gelangen, wenn das Reich Gottes endgültig gekommen sein wird (Lk. 11,2). Vorerst jedoch bedürfen
die Jünger Jesu täglich neuer Nahrung für ihr physisches
Überleben und täglich neuer Vergebung für die Aufrechterhaltung ihres von unverbrüchlicher Ergebenheit
gekennzeichneten Verhältnisses zu Gott und für die stän-
dige Erneuerung ihrer Beziehungen zu anderen Angehö-
rigen des Gottesvolkes. Da sie Menschen sind, zögen sie
es womöglich vor, sich den Prüfungen zu entziehen, die
ihnen vor Anbruch des Neuen Zeitalters auferlegt sind
(11,3 – 4). Im Einklang mit der apokalyptischen Geschichtsauffassung setzt Jesus hier einfach voraus, daß
das Gottesvolk vor der Vollendung des Gottesreiches
eine Zeit strenger Prüfungen durchleiden wird. Die Jünger sollen daher im Vertrauen darauf beten, daß – so wie
die Eltern die Bedürfnisse ihrer Kinder erfüllen – auch
Gott ihnen in der Krisenzeit, die dem Anbruch der Gottesherrschaft vorausgehen wird, Rückhalt gewähren wird
(11,9 – 13). Die Bereitschaft zur Vergebung gegenüber
anderen Mitgliedern der Gemeinschaft findet ihren Aus-
gleich in der Verpflichtung, die im Irrtum Befindlichen
zur Rechenschaft zu ziehen. Doch soll der Wille zur Vergebung grenzenlos sein (Lk. 17,3 – 4). Stärkung erfahren
die Gemeindemitglieder durch den ihnen von Gott ver-
liehenen Glauben, der ständig wachsen kann (17,5 – 6).
Der Textkorpus Q macht eine Reihe interessanter Diffe-
renzen zwischen der Gemeinschaft der Anhänger Jesu
und anderen religiösen Gruppen deutlich. Wie in den
Schriften der Qumran-Gemeinde betrachten sich jene,
welchen die göttliche Offenbarung zuteil wurde, als Kinder des Lichts – im Gegensatz zu den Kindern der Fin-
sternis, die außerstande sind, Gottes Wirken zu erken-

nen. Lk. 11,33 – 36 behandelt ausführlich den Vergleich
zwischen diesem von Gott ausgehenden und das gesamte
Ich erhellenden Licht und dem, welches im Verborgenen,
»unter dem Scheffel« leuchtet. Das Licht ist Symbol der
Erkenntnis Gottes und seines Willens. Die Fähigkeit zur
Erkenntnis ist dem Menschen nicht angeboren, sondern
von Gott verliehen. Die Jünger, die das Licht empfangen
haben, werden ermutigt, es mit anderen zu teilen.

Die ganz unverhüllte Kritik aber richtet sich gegen die
Pharisäer, mit denen die frühen Christen so vieles gemein
hatten: Beide suchten nach einer Neubestimmung der
Zugehörigkeit zum Gottesvolk; beide bemühten sich
um eine neue Auslegung der Heiligen Schrift, um zu
einem tieferen Verständnis des göttlichen Wollens vor-
zudringen; beide kamen regelmäßig zusammen, um
Erkenntnisse auszutauschen und gemeinsam zu speisen.
Der entscheidende Unterschied zwischen Jesus und den
Pharisäern liegt darin begründet, daß letztere die strenge
Einhaltung kultischer Reinheitsgesetze als unabdingbare
Voraussetzung für eine Mitgliedschaft betrachteten, während Jesus all jene aufnahm, die das Bedürfnis nach göttlicher Gnade verspürten und auf der Suche danach zu ihm
und seinen Jüngern stießen. In Lk. 11,39 – 52 bestätigt
Jesus, Gott erwarte von seinem Volk weniger rituelle
Strenge als vor allem moralisches Verantwortungsbe-
wußtsein. Zu den Wertvorstellungen der Pharisäer gehörten das Verlangen nach öffentlicher Anerkennung
und Bewunderung ihrer Frömmigkeit (11,43) und der
Wunsch, sich mit der Auslegung der jüdischen Gesetze
einen Namen zu machen. Sie verehrten die Propheten
lediglich als Persönlichkeiten von historischer Bedeutung, schenkten aber deren Kritik an den politischen

Machthabern keinerlei Beachtung (11,47–48). Jesus
zitiert an dieser Stelle die Weisheit Gottes, die verkündet
habe, Gott werde Propheten und Apostel ausschicken,
und diese würden verfolgt und getötet werden. Tatsächlich sei die biblische Geschichte in ihrer Gesamtheit von
der Zurückweisung der göttlichen Sendboten geprägt –
angefangen mit der Schöpfungsgeschichte und dem
ersten Mord (an Abel, 1. Mose 4,8) bis hin zum letzten
Buch der hebräischen Bibel, in dem König Joas den Tod
des Propheten-Priesters Sacharja anordne (2. Chr. 24).
Diese Tradition der immer wieder geübten Zurückweisung göttlicher Sendboten finde ihre Entsprechung im
Verhalten der Pharisäer, die das Studium der Schriften
nicht als Weg zum Verständnis des göttlichen Ratschlus-
ses über sein Volk genutzt hätten und weder selbst zu
einer solchen Erkenntnis gelangt seien noch anderen den
Zugang zu ihr gewährten (Lk. 11,52).
In einzelnen Bereichen der menschlichen Erfahrungswelt
seien auch die Gegner Jesu imstande, Voraussagen über
die Zukunft zu machen. So könnten sie z. B. aus den
gegenwärtigen Wetterverhältnissen auf das Wetterge-
schehen in der nahen Zukunft schließen. Sie seien jedoch
außerstande, aus den Worten und Taten Jesu Schlußfolge-
rungen auf das nahende Ende der bestehenden Weltordnung und den bevorstehenden Anbruch des göttlichen
Zeitalters zu ziehen (Lk. 12,54–56). Desgleichen seien
sie klug genug, sich in einer Rechtsstreitigkeit mit dem
Kläger zu einigen, ehe sie vor Gericht gezerrt würden; sie
seien jedoch unfähig zu erkennen, daß Gott im Begriff
stehe, sie zur Rechenschaft zu ziehen, so daß sie schon
jetzt auf das bevorstehende Gottesgericht vorbereitet
sein müßten.

Die Überlieferung Q läßt Jesus in einer Reihe eindrückli-
cher Bilder über die Notwendigkeit sprechen, sich der
eigenen Lage bewußt zu werden und sich auf die dro-
hende Krise vorzubereiten. In einem dieser Gleichnisse
zieht er die Parallele zu einem Hausherrn, der dem
Fremdling, welcher an seiner Tür um Einlaß und Brot
bittet, die Gastfreundschaft verwehrt. Mit dieser gleich-
nishaften Erzählung will er zum Ausdruck bringen, daß
jene, die in der Zeit seines öffentlichen Wirkens mit ihm
in Berührung gekommen sind, einen Platz in seiner
Familie oder seinem Volk beanspruchen werden. Er
jedoch leugnet ihren Anspruch und brandmarkt sie als
Sünder. Zum göttlichen Haushalt zählen die Begründer
und Mittler einer Erneuerung des Gottesbundes (Abraham, Isaak, Jakob, die Propheten), nicht jedoch die
selbstzufriedenen, frommen Zeitgenossen Jesu. Sie werden sich »hinausgestoßen« finden (Lk. 13,25 – 29).
Der Text enthält die Zusicherung, daß die Zukunft Jesus
als Menschensohn bestätigen wird (s. a. »Die Funktion
Jesu im Vergleich mit der des Johannes«, S. 79). Zuvor
jedoch werden er und seine Jünger eine Zeit der Zurückweisung und des Leidens durchleben müssen. Unterdessen wird die Mehrheit derer, die sich zum Gottesvolk
zählen, ihren Alltagspflichten nachkommen – werden
freien und gefreit werden, werden essen und trinken,
kaufen und verkaufen (Lk. 17,22 – 27). Keine dieser
menschlichen Bestrebungen ist an sich sündig. Die aus-
schließliche Beschäftigung mit ihnen verrät jedoch Blind-
heit gegenüber jenem weitaus bedeutsameren Umstand:
dem bevorstehenden Gottesgericht und dem Anbruch
der Herrschaft Gottes auf Erden. So wie das göttliche
Strafgericht in den Geschichten der Patriarchen des alten

Israel die Leichtsinnigen und Gleichgültigen ereilt, so
wird es auch die von ihren weltlichen Angelegenheiten in
Anspruch genommenen Zeitgenossen Jesu treffen, die
dem Wirken Gottes in der Welt keine Beachtung schen-
ken. Der Preis für die Teilhabe an dieser neuen Weltordnung ist die Bereitschaft, das eigene Leben zugunsten des
Werkes aufzugeben, das Gott mit Jesu Hilfe begonnen
hat (17,33). Diese dramatische göttliche Intervention
wird zur Folge haben, daß zwischenmenschliche Bande
zerreißen und die Ahnungslosen das Geschehene erst
dann zu begreifen beginnen, wenn die Geier (»Adler«)
über den Leichen einer vergangenen Ära ihre Kreise ziehen (17,34 – 37).

Da die Tischgemeinschaft sowohl bei den Pharisäern als
auch bei den Essenern von Qumran den Mittelpunkt des
gesellschaftlichen Zusammenlebens bildete, und da diese
beiden Gruppen mit dem gemeinschaftlichen Mahl die
Gegenwart Gottes in ihrer Mitte feierten, ist es nicht verwunderlich, daß diese Gläubigen erwarteten, im Neuen
Zeitalter an einem herrlichen Mahl teilnehmen zu können. Jesu Seligpreisung dessen, der sein Brot im Reich
Gottes ißt (Lk. 14,15), findet sich in der evangelialen
Überlieferung im Zusammenhang mit einer Parabel über
die potentiellen Teilnehmer an diesem Mahl. Dem Textkorpus Q (wie auch den Paulusbriefen und der übrigen
evangelialen Überlieferung) zufolge teilt Jesus die Hoffnung der Essener und Pharisäer: daß die Gemeinschaft
des Gottesvolkes, die in ihrem Kern beim Abendmahl
versammelt ist, im Neuen Zeitalter Erneuerung und Erfüllung finden möge, wenn Gott das Erwählte Volk im
Triumph seiner Bestimmung zuführen werde. Strittig
zwischen Jesus und seinen jüdischen Zeitgenossen aber

ist die Frage, wer berechtigt sei, an diesem Gemein-
schaftsmahl des Gottesvolkes teilzuhaben. In Q wird
dieses Mahl mit einer außerordentlichen Feier oder
einem Bankett verglichen, dessen Vorbereitungen – einschließlich der Versendung von Einladungen an die
unterschiedlichsten Adressen – bereits abgeschlossen ist.
Als dann aber das Bankett tatsächlich stattfinden soll,
sind viele der Geladenen von ihren Geschäften oder Privatangelegenheiten derart in Anspruch genommen, daß
sie nicht teilnehmen können. Ihre Entschuldigungen
sprechen durchaus für ihre Vernunft: Sie müßten ein
Stück Land oder Vieh begutachten, das sie erwerben
wollten. Sie hätten eben geheiratet und müßten sich der
Gattin widmen (Lk. 14,18 – 20). Es erweist sich, daß sie
dem alltäglichen Leben Priorität gegenüber den Möglich-
keiten einer unbekannten Freude und Erfüllung einräu-
men, die Jesus ihnen eröffnet. Der Veranstalter des Ban-
ketts versendet seine Einladungen nach zwei Richtungen.
Zum einen lädt er jene zu seinem Fest, die nach den her-
kömmlichen gesellschaftlichen und religiösen Maßstäben
von einem solchen Ereignis ausgeschlossen wären: die
Armen, die Krüppel, die Blinden und Lahmen. Das kultische Gesetz betrachtet diese Menschen als unrein. Daß
die Schriftrollen vom Toten Meer ihnen den Zutritt zum
Tempel Gottes im Neuen Zeitalter unter Hinweis auf
ihre Untauglichkeit ausdrücklich verwehrten, wurde bereits erwähnt. Die zuletzt ausgesprochenen Einladungen
jedoch stellen die herrschende Ordnung noch radikaler in
Frage. Sie richten sich an Menschen vor den Toren der
Stadt, das heißt an jene, die der Tradition nach nicht dem
Gottesvolk angehören (Lk. 14,21 – 24). Die ursprünglich
zum Bankett Geladenen werden schließlich ausgeschlos-

sen. Man kann sich unschwer vorstellen, welches Ärgernis diese Prophezeiung jenen bereiten mußte, die sich als auserwähltes Volk Gottes betrachteten. Jesus beraubt sie ihrer Hoffnungen und erhebt darüber hinaus die Behauptung, daß der göttliche Plan durch ein anderes als das von den jüdischen Religionsführern definierte Gottesvolk zur Erfüllung gebracht werde.

Jesus als Offenbarer und Werkzeug der göttlichen Ordnung

Johannes der Täufer – der Wegbereiter

Die entscheidende Funktion, die Jesus bei der Erfüllung des göttlichen Planes an seinem Volk und der gesamten Schöpfung übernimmt, wird in der Überlieferung Q mit der Figur Johannes des Täufers antizipiert. Die provozierende Botschaft des Johannes richtet sich an jene, die sich zu den Kindern Abrahams zählen (Lk. 3,8) und die er als »Otterngezücht« schmäht (3,7). Er will vor dem Tag des Jüngsten Gerichts warnen, der nahen wird, wenn Gott die gegenwärtige Weltordnung zu Fall bringen und anstelle jener, die sich der Vaterschaft Abrahams rühmen, die aber des Gottesbundes nicht länger würdig sind, ein neues Gottesvolk zu sich erheben wird (3,9). In einem anderen Gleichnis, in dem die Trennung der Spreu vom Weizen angekündigt wird, prophezeit Johannes einen Strom göttlicher Gewalt (den Heiligen Geist), der in den Untergang der Unwürdigen und die Errettung der Würdigen münden werde (3,16 – 17).

Jesus leitet das Neue Zeitalter ein

Dennoch erscheint Johannes der Täufer in der Überlieferung Q als Vollender der vergangenen Epoche des Gesetzes und der Propheten. Jesus erst ist der Verkünder der
Frohen Botschaft, die vom Reich Gottes handelt. Dennoch muß jeder, der dieses Reich betreten will, damit
rechnen, es nicht kampflos erreichen zu können (Lk.
16,16). Jene, die in Jesus das Werkzeug Gottes zur Vollendung seiner Herrschaft erblicken, sind zuversichtlich, daß
sich alle Weissagungen der Heiligen Schrift erfüllen werden (16,17). Am Weltende wird alles bis dahin Verbor-
gene offenbar werden. Der Wille Gottes, bis dahin den
Anhängern Jesu vorbehalten, wird dann der Welt in allen
Einzelheiten verkündet werden (Lk. 12,2 – 3).

Prüfung der Gläubigen

Trotz dieser Aussicht auf Kampf und Leiden können die
treuen Sendboten Jesu ohne Furcht sein, weil sie darauf
vertrauen, daß Gott ihnen Genugtuung geben wird,
wenn sein Reich gekommen sein wird. Gott wird sie
fürstlich entlohnen, so wie er für alle seine Geschöpfe
Sorge trägt (Lk. 12,4 – 7). Das Schicksal eines jeden wird
durch sein Verhalten gegenüber Jesus in der jetzigen Welt
bestimmt. Am Jüngsten Tag wird er jene, die sich selbst
unter Lebensgefahr öffentlich zu ihm bekannt haben,
sein eigen nennen. Jene, die ihn verleugnet haben, wird er
an jenem Tage der Rechenschaft über die Menschheit verleugnen (12,8 – 9).
Für die nähere Zukunft, in der man Jesu Anhänger
infolge ihrer Beziehungen zu ihm vor die religiösen und

politischen Machthaber führen wird, verspricht er, der
Heilige Geist werde sie lehren, was sie zu ihrer Verteidi-
gung vorbringen müßten (Lk. 12,11 – 12). Eine genaue
Vorherbestimmung des Tages der Rechenschaft ist so
unmöglich wie die Voraussage über den Zeitpunkt eines
Einbruches (12,39 – 40). Den Anhängern Jesu bleibt nur,
die ihnen auferlegten Pflichten so gewissenhaft wie möglich zu erfüllen, indem sie danach trachten, ihre Mitmenschen auf die nahende Herrschaft Gottes vorzubereiten.
Für jene, die sich darauf berufen, der alles entscheidende
Tag der Abrechnung liege in weiter Ferne, gibt es keine
Entschuldigung. Der Herr wird jeden Treuebruch und
jede Pflichtverletzung bestrafen (12,44 – 46).
In einer Zeit der Prüfungen lebt Jesus, wie die Textstellen
über die Versuchungen zeigen, Standhaftigkeit vor (Lk.
4,3 – 12). Laut Q bestehen die Versuchungen nicht in der
Überredung zu schweren Verbrechen oder zur Selbstauf-
gabe. Vielmehr sind es Vorschläge des Versuchers, wie
Jesus seine außerordentlichen Fähigkeiten nutzen könne,
um seine Macht zu zeigen, indem er etwa Stein in Brot
verwandelt. Eine weitere Versuchung besteht darin, den
Weg zur Herrschaft abzukürzen und damit die ihm von
Gott auferlegten Leiden zu umgehen, indem er sich der
Befehlsgewalt des Teufels unterwirft. Bei der dritten Versuchung soll Jesus von der höchsten Zinne des Tempels
springen, um zu beweisen, daß er sich selbst das Leben
erhalten könne, und um damit der Masse seiner Verehrer
seine erstaunlichen Fähigkeiten vorzuführen. In allen
drei Fällen beruft sich Jesus auf die Heilige Schrift, um
unter Beweis zu stellen, worein allein er sein Vertrauen
setzt: in die Macht und den Willen Gottes.

Die Funktion Jesu im Vergleich mit der des Johannes

Die Beziehungen zwischen Johannes dem Täufer und Jesus sowie dessen Bewertung des Johannes (Lk. 7,18 bis 7,22) erhalten im Textkorpus Q ein besonderes Gewicht. Johannes, von Herodes Antipas, dem Landesherrn von Galiläa, inhaftiert, hört im Gefängnis von den erstaunlichen Taten Jesu. Um Jesus über den Sinn seiner Handlungen zu befragen, schickt er Boten aus, die sich nach dem Ursprung und dem Ziel seines Wirkens erkundigen sollen. Jesus antwortet, indem er Johannes auf die Besonderheiten seiner Wundertaten hinweist: die Blinden sehen, die Lahmen gehen, die Aussätzigen werden rein, die Tauben hören, die Toten stehen auf (Lk. 7,22). Dieser Vers fügt einzelne Wendungen aus den Prophezeiungen des Jesaja zusammen (Jes. 29,18 – 19; 35,5 – 6; 61,1). Es wurde bereits erwähnt, daß diese Formen der Behinderung den einzelnen von der uneingeschränkten Teilhabe am jüdischen Leben ausschlossen, vor allem aber vom Gottesdienst für den Gott Israels. Inhalt der Prophezeiungen ist die Erneuerung des Gottesvolkes im Neuen Zeitalter. Die Antwort Jesu an Johannes besagt eindeutig, sein Wirken markiere den Beginn dieses lang ersehnten Ereignisses. Da es sich jedoch entgegen den zunehmenden Verschärfungen der Reinheitsgebote vollzieht – deren bedeutendster Verfechter Johannes selbst ist –, ist sich Jesus darüber im klaren, daß sich Johannes und seine Glaubensgenossen durch sein Wirken und den Anspruch angegriffen fühlen müssen, sein Werk diene der Vorbereitung der Gottesherrschaft auf Erden (Lk. 7,23). Doch Jesus weist noch auf einen weiteren Unterschied hin, durch den er sich von Johannes absetzt. Die unzähli-

gen Menschen, die sich in die Wüste östlich des Jordan
begeben haben, um Johannes den Täufer zu sehen und zu
hören, fühlen sich nicht durch seine außergewöhnliche
Kleidung angezogen, sondern durch die Kraft seiner pro-
phetischen Worte, mit denen er seine jüdischen Zeitgenossen zur Umkehr aufruft (Lk. 7,24 – 26). Jesus macht
den Anspruch geltend, die Funktion des Johannes bestehe in der Erfüllung einer Prophezeiung des Male-
achi (3,1), in welcher der Prophet das Wort Gottes verkündet, er werde einen »Engel des Bundes« senden, der »vor
mir her den Weg bereiten soll«. Wenn Jesus diesen Vers
zitiert, tauscht er allerdings das Pronomen aus: »Siehe,
ich sende meinen Engel vor *deinem* Angesicht her.«
Damit stellt er eindeutig den Bezug zu Johannes her, der
nun als Wegbereiter *Jesu* erscheint. Johannes erfährt
höchstes Lob (»unter denen, die von Weibern geboren
sind, ist kein größerer Prophet«, Lk. 7,28), doch erscheint
er im Vergleich mit denen, die ins Reich Gottes eingehen
werden, als Außenseiter.

Die große Mehrheit der Menschen, die Johannes in seinem Wirken gesehen hatten, fühlten sich durch seine
asketische Lebensführung abgestoßen (»aß nicht Brot
und trank keinen Wein«, Lk. 7,33). Doch wurde auch
Jesus, der sich zu jenen hingezogen fühlte, die von seinen
frommen Zeitgenossen aus dem Kreis des Gottesvolkes
ausgeschlossen wurden (»Zöllner und Sünder«, Lk. 7,34)
von ebendiesen Kritikern als Fresser und Weinsäufer
beschimpft. Offensichtlich stellte Jesus durch seine Un-
voreingenommenheit gegenüber all jenen, deren Beruf
oder Lebensführung dem frommen Judentum als un-
tragbar galten, ein Ärgernis und eine Bedrohung für
die anerkannte religiöse Lehre dar. Die einzige Legitima-

tion für das Handeln Jesu ist die Offenbarung, daß sich
seine Botschaft und sein Wirken jenen mitteilt, denen
Gott die Erkenntnis verleiht, daß er Werkzeug eines
neuen Gottesbundes ist (7,35).
Diese zwei Themen – die Offenbarung des göttlichen
Planes an einige wenige und die Unterdrückung dieser
Erkenntnis gegenüber jenen, die sich für weise halten –
werden auch noch an anderer Stelle im Textmaterial Q
entwickelt (10,21 – 22). Jesus verkündet, es sei Gottes
Absicht, seinen Plan den Unschuldigen, Ungebildeten,
all jenen zu enthüllen, die von der Mitwelt für unreif
(»unmündig«) gehalten werden, während er dieses Wissen andererseits in voller Absicht vor jenen verborgen
hält, die nach menschlichem Ermessen für weise gelten
müssen. Im Anschluß daran bekräftigt Jesus den Anspruch dessen, der sich zum Werkzeug dieser Offenbarung erklärt: es ist er selbst. Er spricht von sich als von
»dem Sohn« und verkündet, Gott allein wisse, wer er sei;
und er allein wisse, wer Gott sei. All diese Erkenntnis sei
ihm von Gott gegeben und werde durch ihn, Jesus, an die
weitergegeben, denen er sie zu enthüllen wünsche. Eine
solche Erkenntnis sei nicht das Resultat menschlichen
Strebens, sondern ein Geschenk Gottes.
Jesu außerordentliches Verhältnis zu Gott wird nicht auf
abstrakter Ebene behandelt, sondern erschließt sich dem
gläubigen Betrachter durch sein Wirken, insbesondere
seine Heilungen und Teufelsaustreibungen. In den Berichten über die Versuchung Jesu (Lk. 4,2 – 12) ist das
Muster für seinen Kampf mit dem Satan angelegt, der der
Vollendung der Herrschaft Gottes auf Erden vorausgehen wird. Wo immer auch vom Reich Gottes gepredigt
werden wird, da wird dieser Kampf gegen die Kräfte des

Bösen Gewalt hervorrufen (Lk. 16,16). In der Version,
die Q über die Beschuldigungen der Gegner Jesu bietet,
er betreibe seine Teufelsaustreibungen mit Hilfe des
Beelzebub, des Obersten der Teufel, antwortet Jesus mit
der Versicherung, es sei Gottes Macht (»Gottes Finger«),
der ihn befähige, Dämonen zu vertreiben (Lk. 11,20).
Auf diese Weise sei das Reich Gottes in ihrer Mitte schon
Wirklichkeit geworden. Die von Q überlieferte Fassung
der Parabeln vom Senfkorn und dem daraus erwachsen-
den Baum (Lk. 13,18 – 21) legt den Schwerpunkt auf die
Aussage, daß das Reich Gottes für jene, die Augen haben,
zu sehen, was Gott durch Jesus bewirkt, einer Verwirkli-
chung ständig näher kommt.

Zum Wesen Gottes – so, wie es in der Überlieferung Q
von Jesus dargestellt wird (Lk. 15,4 – 7) – gehört, daß er
sich über die Versöhnung mit einem Sünder erfreut zeigt,
statt das Verhalten Jesu und seiner Jünger zu mißbilligen,
wenn sie die Sünder in ihre Reihen aufnehmen und sie
einladen, an der neuen Bewegung teilzuhaben. Wie
bereits früher in diesem Kapitel erwähnt, stellt sich Jesus
in der Überlieferung Q als Vermittler zwischen Gott und
seinem Volk dar: Er allein als der Sohn kennt den Vater.
Er als der Offenbarer enthüllt die Wahrheit über Gott
und die göttlichen Pläne nur den von ihm Erwählten (Lk.
10,21 – 22). Zugleich aber bezeichnet er sich in dieser
Überlieferung als »Menschensohn«, wie Lk. 7,33 – 35,
wo er sein Verhältnis zu den Sündern und denen, die nach
den kultischen Gesetzen von der Teilhabe am Gottesvolk
ausgeschlossen sind, den von Johannes dem Täufer erho-
benen Forderungen nach Askese entgegenstellt.

Reaktionen auf die Lehren Jesu

Der Lukastext geht von einer ablehnenden Haltung der
jüdischen Mehrheit und ihrer religiösen Führer gegenüber Jesus und seinen Jüngern aus (Lk. 11,49 – 50). Die
religiösen Juden hielten – so Jesus – zwar formell an der
Verehrung der Propheten fest, erklärten sogar ihre Grä-
ber zu heiligen Stätten. In ironischem Widerspruch dazu
stehe jedoch, daß sie die Botschaft der Propheten und die
Propheten selbst ausnahmslos mißachtet und abgelehnt
hätten. In dieser eindringlichen Textpassage sagt Jesus,
das Handlungsschema von Verfolgung und Ermordung
der Sendboten Gottes durchziehe die gesamte biblische
Geschichte. Dabei bezieht er sich auf den ersten und den
letzten Mord, von dem die Bibel berichtet, und schlägt
einen Bogen von Abel im 1. Buch Mose bis zu Sacharja
im letzten Buch des hebräischen Kanons (2. Chr. 24).
Doch auch wenn seine Gegner Jesus nicht als Sendboten
Gottes anerkennen, fordern sie von ihm ein Zeichen, das
heißt eine außerordentliche Tat oder Erscheinung als
Ausdruck der Verbundenheit mit Gott (Lk. 11,29 – 32).
Jesus weist dieses Ansinnen entschieden zurück und erin-
nert seine Feinde daran, daß die von Jonas und Salomon
überbrachte Botschaft Gottes von Heiden (dem Volk von
Ninive und der Königin des Südens) empfangen worden
sei. Und er prophezeit, daß diese am Tage des Jüngsten
Gerichts aufstehen und all jene verdammen werden, die
Jesus nicht als Sendboten Gottes anerkannt haben.
In der Überlieferung Q erhalten die Anhänger Jesu die
Versicherung, daß Gott ihnen im Neuen Zeitalter
Genugtuung gewähren werde, und daß ihnen dann die
Aufgabe zufallen werde, über die zwölf Stämme Israels

zu richten – vermutlich um die Mißachtung zu rächen,
mit welcher deren Führer Jesus als dem Werkzeug Gottes
begegnet sind (Mt. 19,28; Lk. 22,28 – 30). Lukas gibt
diese Äußerung im Rahmen seiner Schilderung des
Abendmahles wieder und verwendet dabei eine dem
griechischen Substantiv mit der Bedeutung »Bund« ana-
loge Verbform, um zu bekräftigen, daß Gott sich durch
ein Versprechen »gebunden« habe, Jesus ein Königreich
zu übertragen. Dieser Ausdruck betont noch einmal, daß
Jesus den biblischen Anspruch auf eine Erneuerung des
Bundes in einem Neuen Zeitalter durchaus nicht ablehnt,
daß er aber die Kriterien für eine Teilhabe an dieser
Gemeinschaft des Bundes mit Gott von Grund auf neu
definiert.

Teilhabe am Bund

Die Überlieferung Q bietet also weder eine Schilderung
von Verhör, Verhandlung und Hinrichtung oder der Auferstehung Jesu, noch berichtet sie von seiner Geburt. Sie
enthält jedoch die eindeutig geäußerte Erwartung Jesu,
daß ihm und seinen Anhängern Verfolgung und Martyrium drohe, und daß Gott sie durch sein Eingreifen an
ihren Feinden rächen und sie nach der Vollendung seiner
Herrschaft zu Hauptakteuren in einem Neuen Zeitalter
der Gerechtigkeit und des Friedens machen werde. Das
einzige Kriterium für die Zugehörigkeit zu diesem neuen
Gottesvolk ist das Bekenntnis zu Jesus »vor den Menschen« (Lk. 12,8). Im Gegensatz zu diesem öffentlichen
Bekenntnis steht das öffentliche Verleugnen Jesu – ein
Akt, den ein römisch-kaiserliches Dekret den Christen
des 2. Jahrhunderts unter Androhung der Todesstrafe

abverlangte. Es ist möglich – wenn nicht wahrscheinlich –, daß die an dieser Stelle in Q verwandte Terminologie (»bekennen/verleugnen«) aus der Zeit nach Jesus
stammt. Das zugrunde liegende Prinzip jedoch scheint
auf Jesus selbst zurückzugehen. Der öffentliche Umgang
mit Jesus, der behauptete, Werkzeug und Sendbote Gottes zu sein, und der die Teilhabe am Gottesbund neu definierte, konnte durchaus zu offiziellen Sanktionen und
zum Martyrium führen – veranlaßt durch jene, die in der
Kritik Jesu an den eigenen religiösen Wurzeln eine
gefährliche Bedrohung der Einheit des Erwählten Volkes
in seinem aus der pharisäischen Tradition erwachsenen
Selbstverständnis sahen. Das Bekenntnis des Paulus in
Gal. 1,13, er habe all seine (pharisäischen) Zeitgenossen
bei der Verfolgung der Kirche noch übertroffen und habe
diese vernichten wollen, spricht dafür, daß diese Interpretation des Evangelientextes durchaus nicht unwahr-
scheinlich ist. Doch sollte sich der Gegensatz zwischen
erwachendem Christentum und rabbinischem Judentum
im Verlauf der Geschichte weiter verschärfen. Die historischen Wurzeln dieses Konfliktes werden bereits in der
vorevangelialen Überlieferung Q sichtbar, die aller Wahrscheinlichkeit nach am nächsten an die historische Figur
Jesu, seine Worte und Taten heranführt. Die Ursachen
dieses Konfliktes liegen in den zwei großen Herausfor-
derungen, die Jesus an das Judentum in seinem Selbstverständnis als Volk des Bundes stellte: seine Erklärungen
zur Bundeszugehörigkeit und seine Rechtfertigung dieses Verfahrens mit der Begründung durch seine Funktion
als Werkzeug Gottes im Prozeß der Vorbereitung des
Gottesvolkes auf das künftige Reich.

4. Kapitel

Das älteste Evangelium

Wie bereits erwähnt ist das Markusevangelium wohl das älteste unserer Evangelien und liefert daher die frühesten Berichte über den Werdegang Jesu. Obwohl der Evangelientext selbst keinerlei Hinweis auf seinen Autor enthält, gab es bereits in frühchristlicher Zeit Bemühungen, ihn mit einem der Apostel in Verbindung zu bringen, um ihm dadurch mehr Glaubwürdigkeit zu verleihen. Dieser Text wurde vermutlich deshalb Markus zugeordnet, weil im Markusevangelium auffallend oft von Petrus die Rede ist und Markus in 1. Petr. 5,13 als »Sohn« des Petrus bezeichnet wird.

Das literarische Vorbild des Markustextes

Gab es überhaupt ein Vorbild, auf das Markus bei der Niederschrift seines Evangeliums zurückgreifen konnte? Weder in der jüdischen noch in der griechisch-römischen Literatur dieser Epoche gibt es Schriften, die eine formale oder inhaltliche Ähnlichkeit mit den Evangelien aufweisen. Es finden sich Biographien und eine Fülle historischer Darstellungen. Keines dieser Werke vereint jedoch die Lebensbeschreibung seiner Hauptfigur mit einer Zusammenfassung seiner Lehre und Hinweisen auf die möglichen Grundpfeiler der von ihm ins Leben gerufenen Bewegung. Annähernd Vergleichbares findet sich am ehesten in den als »Gemeinderegel« und »Damaskus-

schrift« bekannten Dokumenten aus den Schriftrollen
vom Toten Meer, in denen die Richtlinien für Lebens-
und Glaubensfragen in einen Erzählrahmen eingebettet
sind, in dem geschildert wird, wie der Gründer dieser
Gemeinde von Gott berufen und dazu aufgefordert wird,
das Werk zu beginnen, aus dem dann die neue Glaubens-
gemeinschaft hervorgeht. Schriften dieser Art werden
von Anthropologen »Gründungszeugnisse« (»foundation
documents«) genannt. Betrachtete man die Evangelien unter demselben Aspekt, so wäre es falsch, die darin
über Jesus enthaltenen Aussagen als Berichte eines unbe-
teiligten Beobachters zu verstehen. Es gälte vielmehr, sie
vor dem Hintergrund der Normen und Interessen jener
Gemeinschaft zu sehen, die er ins Leben rief. Und tatsächlich ist diese Interpretation absolut zutreffend.

Die menschliche Herkunft Jesu

Obwohl Markus das einzigartige Verhältnis Jesu zu Gott
und seine außergewöhnlichen Fähigkeiten hervorhebt,
beschreibt er dessen Leben aus einem gänzlich menschlichen Blickwinkel. Die Geburt Jesu wird bereits vorausgesetzt, nicht eigens beschrieben. Die Mutter, Brüder und
Schwestern werden ohne den Hinweis auf eine überna-
türliche Geburt erwähnt. Anders als bei Matthäus und
Lukas wird Jesus nicht mit Bethlehem in Zusammenhang
gebracht, wodurch der Hinweis auf seine Zugehörigkeit
zum königlichen Stamm Davids entfällt. Tatsächlich
scheint Mk. 12,35 – 37 sogar die Frage aufzuwerfen, wie
Jesus überhaupt mit der traditionellen Hoffnung Israels
auf einen Messias in Verbindung zu bringen sei, da er

eben nicht dem Geschlecht Davids angehöre. Am Beginn
seines öffentlichen Wirkens scheint die Trennung Jesu von
seiner Familie zu stehen: Er zieht von Nazareth, seiner
Heimatstadt in den Bergen Galiläas, nach Kapernaum,
einer größeren Küstenstadt am See Genezareth. Mk. 2,1
enthält lediglich die Angabe, er sei in Kapernaum »im
Hause«. Dabei scheint es sich um ein kleines, nur aus
einem Raum bestehendes, lehmgedecktes Haus des Typus
zu handeln, den man noch heute in palästinensischen Dör-
fern findet. Als Freunde, die einen Gichtbrüchigen zu
Jesus bringen, wegen der dichten Menschenmenge vor
Jesu Haus nicht hineingelangen können, graben sie das
Dach auf und lassen den Mann zu Jesus herab, damit er ihn
heile. Lukas, an elegantere Häuser gewöhnt, berichtet, die
Freunde hätten den Mann »durch die Ziegel hernieder«
gelassen (Lk. 5,19) – Ziegeldächer waren charakteristisch
für den Baustil im römischen Herrschaftsbereich.

Die eigentliche Familie Jesu

Als Jesus sich in seinem Haus in Kapernaum aufhält, versammeln sich draußen zahlreiche Menschen, um eine seiner Wunderheilungen oder Teufelsaustreibungen zu erleben. Einige der dort Versammelten werden als »die Seinen« – in einigen Übersetzungen lediglich als »seine
Freunde« – beschrieben (Mk. 3,21). Aus dem Fortgang
der Ereignisse (3,31 – 35) geht dann hervor, daß es sich
um Familienangehörige Jesu handelt, die ihn den Blicken
der Öffentlichkeit entziehen wollen, da sie glauben, er sei
von Sinnen. Sein Vater Joseph wird seltsamerweise nirgends erwähnt. In Mk. 6,3 ist von Jesus als dem »Zimmer-

mann, Marias Sohn« die Rede. Möglicherweise war Jesus
noch ein Kind, als Joseph starb, so daß die Abwesenheit
des Vaters bei seinem Eintritt ins öffentliche Leben zu der
Behauptung geführt hat, er sei unehelich geboren. Seine
Brüder werden mit Namen genannt, seine Schwestern
erwähnt, was die Schlußfolgerung nahelegt, daß er einer
intakten Familie entstammt.[1] In Mk. 3,35 bestimmt Jesus
die Familienzugehörigkeit jedoch völlig neu, indem er
nicht die wirklichen Verwandten, sondern jene dazu zählt,
die den Willen Gottes tun (so wie Jesus ihn interpretiert).
In einer Gesellschaft wie der jüdischen, in der besonders
für das Priestertum die bis zu den Söhnen Jakobs zurück-
reichende genealogische Herkunft von so hervorragender
Bedeutung war, mußte diese Loslösung von der Familie
als identitätsstiftender Größe revolutionäre Sprengkraft
bergen. Und doch definiert Jesus die Familie in diesem
nicht-genealogischen Sinne neu und tut dies im Namen
Gottes.

Das Verhältnis Jesu zu Gott und seine Rolle im göttlichen Weltenplan

In bezug auf die Beschreibung des besonderen Verhältnisses Jesu zu Gott geht das Markusevangelium in vielfa-
cher Hinsicht weit über jene Aussagen im Textkorpus Q

---

1 Jene kirchliche Tradition, die Maria auch in deren späterem Leben
   als Jungfrau sieht, geht davon aus, daß die sog. Brüder und Schwestern Jesu Kinder Josephs aus einer früheren Ehe waren. Im Markusevangelium als dem ältesten unserer Evangelien scheint es darauf keinerlei Hinweise zu geben – ebensowenig wie auf irgendei-
   nen übernatürlichen Einfluß bei der Geburt Jesu. Erst die Evangelien des Matthäus und des Lukas künden vom Wunder der jungfräulichen Geburt.

hinaus, die seine Gotteserkenntnis und sein von göttlicher Gewalt zeugendes Wirken (s. in Kap. 3, ›Die Funktion Jesu im Vergleich mit der des Johannes‹) beleuchten. In Mk. 1,11 wird berichtet, Jesus habe nach seiner Taufe durch Johannes eine Stimme vom Himmel vernommen, die ihn als Sohn Gottes bezeichnet habe. Bei der Verklärung Jesu in Gegenwart dreier seiner vertrautesten Jünger verkündet die Stimme aus der Wolke: »Das ist mein lieber Sohn« (Mk. 9,7). Jesus untersagt seinen Jüngern jedoch sogleich, zu erzählen, was sie gesehen und gehört haben. Anläßlich zweier Teufelsaustreibungen sehen die Dämonen in ihm den Sohn Gottes (3,11; 5,7). Das zeugt dafür, daß die Kräfte des Bösen in ihm ihren Widersacher erkennen und sich über die Quelle seiner Macht im klaren sind.

Im Alten Testament bezieht sich der Ausdruck »Sohn Gottes« sowohl auf das Gottesvolk als auch auf den König als dessen von Gott bestimmten Führer. In Hos. 11 beschreibt der Prophet zum Beispiel die (unter dem Begriff »Exodus« bekannte) Flucht Israels aus der ägyptischen Sklaverei mit den Worten, Gott rufe »seinen Sohn« aus Ägypten. Das Wort Sohn besagt nicht, daß das Volk Israel von göttlicher Geburt wäre; es drückt vielmehr die besonderen Beziehungen aus, die Israel mit den Interessen und Plänen Gottes verbinden. Auch im 2. Psalm nennt Gott den König Israels seinen »Sohn« und erklärt: »Heute habe ich dich gezeuget«. Damit ist der Tag der Krönung des Königs gemeint. Seine Aufgabe als »Sohn« ist die eines von Gott erwählten Herrschers, der durch die Macht Gottes das Volk Gottes in Erfüllung der Pläne Gottes regiert. Aus der Tatsache, daß Markus die Gotteskindschaft Jesu nicht mit seiner übernatürlichen

Geburt begründet – und hier weicht Markus, wie sich zeigen wird, von Matthäus und Lukas ab –, ergibt sich die zwingende Schlußfolgerung, daß der Begriff »Gottessohn« in der Überlieferung des Markusevangeliums die Beziehung Jesu zu Gott und den einzigartigen Plan bestimmt, den Gott durch Jesus mit seinem neuen Volk zur Erfüllung bringt.

Jesus selbst bezeichnet sich im Markusevangelium am häufigsten als »Menschensohn«, ein Begriff, der, wie wir sahen, in der Überlieferung Q verwendet wird, bei Markus jedoch eine inhaltliche Erweiterung erfährt. Im Alten Testament wird dieser Ausdruck gebraucht, wenn von den Menschen als Geschöpfen Gottes die Rede ist: »Was ist der Mensch, daß du seiner gedenkst, und des Menschen Kind, daß du dich seiner annimmst?« fragt der Psalmist in Ps. 8,5. Er antwortet, indem er die Menschen allgemein als die Krone der göttlichen Schöpfung darstellt und ihre Verantwortung für die Ordnung und Aufsicht über die gesamte Schöpfung hervorhebt (Ps. 8,6–9). Doch wird der Begriff auch in Dan. 7,13 verwendet, wo Gott den Kräften des Bösen, die über die Welt geherrscht haben, die Macht entreißt und sie einem »wie eines Menschen Sohn« übergibt. Es geht hier um den Kontrast zwischen den furchterregenden Bestien, die für die aufeinanderfolgenden heidnischen Reiche stehen, und den Menschen, durch die Gott jetzt über die Schöpfung herrscht. In Dan. 7,17 – 18 wird dieser Gegensatz dadurch erläutert, daß die Bestien mit den gottlosen Königen gleichgesetzt werden, während jene, denen Gott die endgültige Herrschaft überträgt, als »die Heiligen des Höchsten« bezeichnet werden. Von ihnen heißt es Dan. 7,27: »Aber das Reich, Gewalt und Macht unter dem ganzen Himmel wird dem heiligen Volk des Höchsten gegeben werden, des Reich ewig ist, und alle Gewalt wird ihm dienen und gehorchen.«

Ebenso wie im Falle des Begriffes »Gottessohn« umfaßt auch dieser Ausdruck sowohl (1) die Vorstellung eines Mittlers, durch den Gott seine Herrschaft errichtet, als auch (2) das Volk, für das und durch das diese Herrschaft erkämpft wird. In einer jüdischen Apokalypse aus dem 1. vorchristlichen Jahrhundert, dem 1. Henochbuch (zit. in: Jud. 14 – 15), wird der Begriff »Menschensohn« als Bezeichnung für den göttlichen Mittler benutzt. Es steht daher außer Frage, daß dieser Ausdruck zwar durchaus verwendet werden konnte, um die Menschen an die Begrenztheit ihrer menschlichen Existenz zu mahnen, daß er jedoch zumindest von einem Teil des Judentums dieser Epoche als Bezeichnung für die Person oder Personen verstanden wurde, durch welche die Herrschaft Gottes errichtet werden würde.

Im Markusevangelium benutzt Jesus den Terminus »Menschensohn« in drei verschiedenen Bedeutungszusammenhängen und geht damit noch über die inhaltliche Dimension des Begriffes in Q hinaus. Zum einen verbindet sich mit diesem Titel die Befugnis Jesu, Richtlinien für die Gemeinschaft seiner Anhänger festzulegen. Darauf beruft sich Jesus, als er von der Vergebung der Sünden (Mk. 2,10) kündet, und als er das Sabbat-Gebot in Fällen verwirft, in denen es um das Vollbringen einer guten Tat geht (3,4). Er bezeichnet sich sogar selbst als Herrn des Sabbats (2,28). Beide Male geht es Jesus um eine radikale Neubestimmung der Voraussetzungen für die Zugehörigkeit zum Gottesvolk.

Die zweite Bedeutungsebene des Begriffes »Menschen-

sohn« im Evangelium des Markus bezieht sich auf die
Funktion Jesu bei der Erfüllung des göttlichen Willens in
der Zukunft. Durch diesen Titel wird er zum Weltrichter
(Mk. 8,38), der diejenigen verwerfen wird, die ihn verworfen haben. Er prophezeit, daß Gott ihn nach seiner
Hinrichtung durch die religiösen Machthaber von den
Toten erwecken wird (9,9). In Mk. 13,26 und 14,62 dann
findet sich die erstaunliche Ankündigung Jesu, die Mächtigen würden erleben, wie er, von Gott gerächt, in all seiner Herrlichkeit erscheinen und sein treues Volk aus allen
Enden der Erde um sich versammeln werde. Einige Interpreten des Markusevangeliums haben sich bemüht, die
Rückschlüsse, die diese Ankündigung auf das Selbstverständnis Jesu zuläßt, dadurch zu vermeiden, daß sie
erwogen, Jesus spreche hier von einer anderen Person,
die am Weltenende erscheinen werde. Die Machthaber
verurteilen aber durchaus nicht seinen Zukunftsentwurf,
sondern verdammen ihn selbst, weil sie in ihm eine
Bedrohung für die von den religiösen Führern festgeleg-
ten Normen und Ideale des Gottesvolkes sehen.
Für den modernen Leser weniger überraschend ist die
dritte inhaltliche Zuordnung des Ausdruckes »Menschensohn« zu Leiden und Tod Jesu, da christliche Kunst
und Literatur sich bei der Darstellung Jesu bevorzugt
dem Aspekt der Demut widmeten. Diese Auffassung findet sich in Form einer wiederkehrenden Prophezeiung in
Mk. 8,31; 9,31; 10,33–34 – Versen, die Zitate Jesu sowohl
in direkter wie in indirekter Rede enthalten. Darüber
hinaus kündigt Jesus seinen bevorstehenden Tod aber
auch an anderer Stelle sowohl seinen Jüngern (9,12;
10,45) als auch den Machthabern an.
Wie sich zeigt, gewinnen der Tod und die Todesbereit-

schaft eine neue Bedeutung für die Gotteskindschaft. Der Daniel des Alten Testaments ist zwar eher bereit zu sterben, als den Befehlen des bösen Königs zu gehorchen, der ihm und seinen Freunden vorschreibt, was er zu essen und wie er zu beten habe. Doch ist hier der Tod noch nicht von entscheidender Bedeutung für die Teilhabe am Königreich Gottes.

Bei Markus geht Jesus noch einen entscheidenden Schritt weiter: Für ihn ist es notwendig, daß er in Erfüllung des göttlichen Willens für andere leidet und stirbt, um damit den Plänen Gottes für und durch sein Volk den Weg zu bereiten. Dieser erstaunliche Glaubenssatz hat in dieser Form kein Vorbild im Judentum der Epoche; und das macht begreiflich, warum die religiösen Machthaber die Verkündigungen Jesu über die endgültige Bestimmung des Gottesvolkes weder zu erfassen noch zu akzeptieren vermochten. Am ehesten erschließt sich die Bedeutung des Todes Jesu aus der Beschreibung des leidenden Knechtes in Jes. 52–53. Dort erscheint der Knecht einmal als getreues Volk und einmal als Werkzeug des Herrn, der für das Volk leidet. Mk. 10,45, wo der Titel »Menschensohn« mit der Funktion des Dienens verknüpft wird, stellt die engste Verbindung zwischen dem siegreichen Menschensohn und dem leidenden Knecht her. Zahlreiche Wissenschaftler nehmen an, daß die frühen Christen die beiden Motive in ihrer Interpretation des Todes Jesu miteinander verquickten. Ein Vers wie Mk. 9,12 aber, der die beiden Funktionen ausdrücklich, doch – anders als Textpassagen wie 8,31 – ohne jede formale Stilisierung miteinander verbindet, legt vielmehr den Schluß nahe, daß sich Jesus im Laufe seines Lebens mit dem wachsenden Widerstand abfand, der ihm von

der religiösen wie politischen Beamtenschaft entgegenge-
setzt wurde, und daß er eine Perspektive entwickelte,
durch die sein Leiden in dem an ihm und durch ihn sich
erfüllenden göttlichen Plan einen Sinn erhalten sollte.
Von Beginn seines öffentlichen Wirkens an bestand
jedoch seine Hauptaufgabe darin, die bevorstehende
Herrschaft Gottes zu verkünden und seine Zeitgenossen
darauf vorzubereiten. So wie Israel im Alten Testament
den Prüfungen Gottes in der Wüste unterworfen wird,
ehe es reif ist, in das gelobte Land von Kanaan zu gelangen, kämpft Jesus im Markusevangelium mit dem Widersacher Gottes (d. h. dem Satan), um sich auf seine bei
Markus als gottgegeben dargestellte Funktion vorzubereiten. Anders als andere Prophetengestalten, die das
Nahen eines Neuen Zeitalters in recht allgemeinen Flos-
keln beschreiben, verkündet Jesus, daß die Herrschaft
Gottes in unmittelbare Nähe gerückt sei. Als Vorbereitung auf diese neue Zeit fordert Jesus von den Menschen,
ihre Einstellung und ihre Lebensziele von Grund auf zu
ändern. Die entscheidende Formulierung in Mk. 1,15
wird meist übersetzt als »Buße tun«, worunter allgemein
»bereuen dessen, was man getan hat« verstanden wird.
Tatsächlich fordert Jesus jedoch einen Meinungswandel,
oder besser gesagt einen Herzenswandel. Der Grund für
diese Aufforderung zu einer Neuorientierung ist, daß die
lang verheißene Gottesherrschaft nun, wie aus den Worten Jesu hervorgeht, so nahe ist, daß sich ihre umwäl-
zende Kraft bereits in seinem Wirken und in der von ihm
ins Leben gerufenen Gemeinschaft auszuwirken beginnt.

Vorrecht und Verpflichtung der Jüngerschaft

Die Radikalität dieser Neuorientierung tritt besonders deutlich innerhalb jener Gruppe in Erscheinung, die Jesus als Anhänger oder Schüler (so die eigentliche Bedeutung des Wortes »Jünger«) an sich zieht. Als »Menschenfischer« (Mk. 1,16 – 20) sollen sie Mitmenschen aller Art für die neue Gemeinschaft anwerben. Den Kern der Jüngerschaft bilden einfache Menschen, von denen mehrere dem bescheidenen Handwerk des Fischens nachgehen. Unter den Jüngern ist aber auch einer, der die kleine Gruppe jener Juden repräsentiert, die von nahezu allen ihren Glaubensgenossen verachtet und aus der Gesellschaft ausgeschlossen werden: Levi, ein Zöllner. Sein jüdischer Name läßt keinerlei Rückschlüsse auf seinen Broterwerb zu, der von vielen seiner jüdischen Zeitgenossen als Verrat an seinem ethnischen und religiösen Erbe betrachtet wird. Er treibt Steuern für die Römer ein, die das biblische Land Israel beherrschen, und trägt damit zur Unterdrückung Palästinas durch die Heiden bei. Zudem besteht eine seiner Hauptaufgaben als Zöllner darin, die Gebühren für den Transport von Waren durch das Land festzusetzen und zu überprüfen. Viele dieser Güter aber sind nach den kultischen Gesetzen unrein – er als Jude dürfte sie daher nicht berühren. Obwohl die Zöllner also sowohl aus religiösen wie aus nationalistischen Gründen verachtet werden, begegnet Jesus dem Zöllner Levi nicht nur freundlich, sondern fordert ihn auf, sein Jünger zu werden. Da der Einhaltung der rituellen Reinheitsgebote vom Judentum jener Epoche höchste Bedeutung beigemessen wurde, und da das gemeinsame Mahl mit einem Juden, der diese Gebote

übertrat, notwendig zu einer Verunreinigung führte,
stellt das Verhalten Jesu, der mit Zöllnern wie Levi und
anderen Gesetzesbrechern im kultischen Sinne gemeinsam speist (2,13 – 17), einen Verstoß gegen diese anerkannten Gesetze dar. Jesus bricht damit nicht nur selbst
die Gebote, sondern rechtfertigt sein Tun zudem als Bestandteil der ihm von Gott übertragenen Aufgabe.

Mk. 3,13 – 19 bietet die einfache Aufzählung der zwölf
Vertrauten, doch ist keine der in allen Evangelien enthaltenen Listen auch nur mit einer der drei übrigen absolut
deckungsgleich. Einige der Jünger haben bekannte semi-
tische Namen (Simon = Simeon, Jakobus = Jakob, Johannes = Johanan). Andere jedoch tragen griechische Namen
(Andreas, Philipp) – ein Umstand, der den Leser des
Markusevangeliums daran erinnert, daß Galiläa seit der
Zeit Alexanders des Großen im 4. Jahrhundert v. Chr.
von griechischen Einflüssen durchdrungen war. Apg.
4,13 bemerkt zu den Jüngern Petrus und Johannes, die
Mitglieder des Hohen Rates »wunderten sich, denn sie
waren gewiß, daß es ungelehrte Leute und Laien waren«
– ein Kommentar, der sehr wahrscheinlich genau zutrifft.
Und dennoch sind es diese Menschen im Verein mit dem
Rest der Zwölf, die Jesus nicht nur mit der Verbreitung
der Frohen Botschaft betraut, sondern denen er darüber
hinaus auch die Macht verleiht, Heilungen und Teufelsaustreibungen vorzunehmen und damit Taten zu vollbringen, welche die Vollendung der Herrschaft Gottes
ankündigen (Mk. 3,14 – 15).

Diese Botschaft vom Anbruch der göttlichen Herrschaft
wird von Markus nicht als eine auf logischer Gedanken-
arbeit beruhende Einsicht, sondern als gottgegebene
Erkenntnis begriffen, die allein den Mitgliedern der

Gemeinschaft vorbehalten ist. Intellektuelle Fähigkeiten sind keine notwendigen Voraussetzungen für das Verständnis dessen, was Jesus predigt und vollbringt. Jesus erklärt: »Euch (dem engsten Kreis seiner Anhänger) ist's gegeben, das Geheimnis des Reiches Gottes zu wissen; denen aber draußen widerfährt es alles durch Gleichnisse« (Mk. 4,11 – 12). Markus vollzieht eine scharfe Trennung zwischen denen, die in Jesus das Werkzeug Gottes bei der Errichtung seines Königreiches sehen, und jenen, die diesen Glauben nicht teilen. Zu den letzteren gehören sowohl jene, die sich allein ihren Privatangelegenheiten widmen, als auch jene, die ihn als eine Bedrohung für die gegenwärtige politische, soziale und religiöse Ordnung betrachten. Sie sind es, die »mit sehenden Augen sehen, und doch nicht erkennen« und »mit hörenden Ohren hören, und doch nicht verstehen«.

Einer der Hauptgründe für die Unfähigkeit einer Vielzahl von Zuhörern Jesu, sich der Verkündigung Jesu zu erschließen, ist darin zu suchen, daß seine Darstellung im Widerspruch zur gängigen Weisheit steht. Die Gleichnisse, die im Markusevangelium überliefert werden, münden häufig in die Aussage, daß bei bestimmten Handlungen eine erhebliche Diskrepanz zwischen den bescheidenen Anfängen und den bedeutenden Folgen besteht. So steht zum Beispiel der mittelmäßige, sogar gänzlich mangelnde Anfangserfolg des Bauern, der seine Saat auf einer Vielzahl verschiedener Böden ausbringt, in scharfem Gegensatz zu der erstaunlich reichen, bis zum Hundertfachen gesteigerten Ernte (Mk. 4,1 – 9). Die Saat gedeiht aus eigener innerer Kraft, vom Menschen unbemerkt, und erbringt eine reiche Ernte (4,26 – 29). In ähnlicher Weise stellt das Gleichnis vom Senfkorn den extrem unscheinbaren Samen der extrem hoch wachsenden Pflanze gegenüber, die schließlich aus dieser Saat hervorgeht (4,30 – 32). Alle drei dieser kleinen Gleichnisse haben das scheinbar so beschränkte, unerlaubte und anfangs unbemerkte Wirken Jesu zum Inhalt, an dessen Beginn die Berufung dieser Mit-Wirkenden Jesu in die Jüngerschaft steht mit dem Ziel, das Nahen der Gottesherrschaft zu verkünden und ihren Anbruch durch die von ihnen vollbrachten Heilungen und Teufelsaustreibungen zu bekunden. Am Anfang seines öffentlichen Auftretens konnte ein zufälliger Beobachter wohl kaum vermuten, daß sein Wirken schließlich einen Konflikt mit den Machthabern in Jerusalem herbeiführen würde – von den weiteren Folgen einmal abgesehen, die von Jesus der Überlieferung nach so prophezeit wurden: Im Neuen Zeitalter wird der Menschensohn das neue Gottesvolk »von den vier Winden, von dem Ende der Erde bis zum Ende des Himmels« versammeln (Mk. 13,27).

Indem das Markusevangelium die Lehren Jesu – in diesem Fall seine Gleichnisse – überliefert, scheint es eher auf die Verhältnisse in der frühen Christengemeinde als auf die Zeit Jesu zugeschnitten zu sein. Das kann durchaus nicht überraschen, da die evangeliale Überlieferung eben deshalb Bestand hatte, weil sie für jene Menschen, die sich aufgrund der Zeugnisse der Jünger und anderer seiner ersten Anhänger zum Christentum bekehrt hatten, von ungebrochener Bedeutung war. Mk. 4,13 – 20 bietet eine ausführliche Erklärung des Gleichnisses vom Sämann. Jedes einzelne Bild des Gleichnisses wird durch den Vergleich mit einem Element der frühen Kirche erläutert. Der Sämann ist der Priester; die Saat die christliche Botschaft, das »Wort«. Die verschiedenen Hörer

des Evangeliums werden mit den unterschiedlichen
Böden verglichen, werden im Verlauf dieser allegori-
schen Deutung dann allerdings mit der Saat gleichgesetzt. Die Dornen, die das Wachstum des Glaubens ver-
hindern, sind »die Sorgen dieser Welt und der betrügli-
che Reichtum und viele andere Lüste«. Obwohl es
durchaus vorstellbar ist, daß Versuchungen wie diese
auch im ursprünglichen Kreis der Jünger Jesu fortbe-
standen, ist es doch wahrscheinlicher, daß diese Probleme erst akut wurden, nachdem sich die Kirche eta-
bliert hatte und ihr auch wohlhabendere Klassen angehörten. Mit ihrer Deutung des Gleichnisses betont die
Gemeinde des Markus die Bedeutung der Lehren Jesu
für ihre eigene Zeit.

Zunehmende Anfeindungen Jesu

Selbst die in aller Öffentlichkeit erbrachten Beweise seiner außerordentlichen Fähigkeiten in Wort und Tat rufen
höchst unterschiedliche Reaktionen bei den Zeitgenossen
Jesu hervor. Die Masse versammelt sich, um seine Werke
zu sehen (Mk. 1,28.32.37.45; 2,2.13; 3,7.20.32; 4,1.36;
5,21; 6,33–34). Man äußert Erstaunen darüber, daß
ein Mann aus derart bescheidenen Verhältnissen solche
Fähigkeiten besitzt (»der Zimmermann«, Mk. 6,3). Bei
den meisten Menschen aber stößt er offensichtlich auf
Unglauben – eine Reaktion, die Jesus in Erstaunen ver-
setzt und zu der Betrachtung veranlaßt: »Ein Prophet gilt
nirgend weniger, denn im Vaterland und daheim bei den
Seinen« (6,4–6). Schwerwiegender ist jedoch das Verhalten der religiösen Führer und der mit den politischen

Machthabern Verbündeten. Das Markusevangelium berichtet, nachdem Jesus am Sabbat einen Kranken geheilt
und diese Verletzung der Sabbatruhe gerechtfertigt habe,
seien die Pharisäer hinausgegangen »und hielten alsbald
einen Rat mit des Herodes Dienern [Höflingen oder
Familienangehörigen des Herodes Antipas] über ihn, wie
sie ihn umbrächten« (Mk. 3,6). Diese beiden Gruppen
dürften nicht viele gemeinsame Interessen gehabt haben,
da es den Pharisäern in erster Linie um die strenge Beachtung der rituellen Reinheitsgebote ging, während die
Herodianer auf die Machterhaltung des Nachkommen
von Herodes dem Großen bedacht waren, der die Provinz Galiläa im Sinne des heidnischen Römischen Reiches regierte. Beiden Gruppen jedoch galt Jesus als Bedrohung für die bestehenden Machtstrukturen.
Wie bereits bemerkt sind dem Markusevangelium
zufolge die Heilungen und Teufelsaustreibungen der
Hauptgrund für die Popularität Jesu. Wie die Analyse
des Textkorpus Q zeigt, betrachtet Jesus seine Teufelsaustreibungen als Ausdruck seiner Fähigkeit, mit Hilfe
der göttlichen Macht (»Gottes Finger«) jene Taten zu
vollbringen, durch die das Reich Gottes sich dem Volk
erschließt, das ihm anhängt. In Mk. 3,23 – 27 setzt Jesus
den von ihm betriebenen Exorzismus dem Kampf gegen
den Satan gleich. Dieser galt im jüdischen Denken jener
Zeit als hauptverantwortlicher Urheber des Bösen, der
ungeachtet des göttlichen Weltenplanes die Herrschaft
über das Universum und dessen Bewohner an sich geris-
sen habe. Entgegen den Anschuldigungen seiner Kritiker,
er sei mit dem Teufel im Bunde, erscheint Jesus vielmehr
als Werkzeug Gottes im Kampf gegen das Böse. Selbst
mit Hilfe des Exorzismus entreißt er dem Satan die

Macht oder – wie er in Mk. 3,27 formuliert – bindet den Starken, um alsdann sein Haus zu berauben.

Zwei Grundzüge im Wirken Jesu wurden nach dem Bericht des Markus von den Juden als Bedrohung oder sogar Verletzung der Integrität des Erwählten Volkes betrachtet. Zum einen setzte sich Jesus über einige grundlegende Gesetze wie das Arbeitsverbot am Sabbat hinweg. Zum anderen verstieß er gegen die Reinheitsgebote und erhob den Anspruch, damit im Interesse der ihm von Gott übertragenen Aufgabe zu handeln. Im folgenden sollen die Aspekte dieser Angriffe auf die herrschenden Normen im einzelnen untersucht werden – Angriffe, die von Jesus thematisiert und gerechtfertigt wurden.

In Mk. 2,23 – 28 wird geschildert, wie die Jünger Jesu an einem Sabbat durch ein Kornfeld gehen und sich einige Ähren pflücken, die sie dann schälen und essen. Das Gesetz befahl den Bauern, ein Teil ihres Korns für die Armen stehen zu lassen. Als religiöse Menschen mußten die Jünger jedoch wissen, daß es verboten war, am Sabbat zu ernten. Jesus verzichtet nicht nur darauf, ihr Verhalten zu tadeln, sondern beruft sich auf einen Präzedenzfall aus dem Alten Testament, wo von David berichtet wird, man habe ihm heiliges Brot gegeben, das zu essen ihm und seinen Männern als Laien nicht erlaubt gewesen sei (1. Sam. 21,1 – 7).

In Mk. 5,21 – 43 werden zwei Erzählungen über die außerordentlichen Fähigkeiten Jesu miteinander verknüpft: in der ersten fordert ein jüdischer Amtsträger Jesus auf, mit ihm zu kommen, damit er seine Tochter heile, die dem Tode nahe ist. Auf dem Weg dorthin wird Jesus von einer am Blutfluß leidenden Frau aufgehalten, die ihm nachläuft, seinen Umhang berührt (5,27) und auf der Stelle von ihrem Leiden geheilt ist. Jesus spricht zu

ihr lediglich die folgenden Worte: »Gehe hin mit Frieden
und sei gesund von deiner Plage« (5,34). Als er zum Haus
des Jairus, des Synagogenvorstehers kommt, erfährt er,
das Mädchen sei bereits gestorben. Als er jedoch, nur von
den Eltern begleitet, zu ihr geht, sie berührt und (auf aramäisch) zu ihr spricht, wird sie zum Leben erweckt
(5,40 – 43). Bemerkenswert an diesen Erzählungen ist
nicht nur, daß Jesus die Kraft besitzt, Kranke zu heilen
und Tote zum Leben zu erwecken, sondern vor allem,
daß er dabei die strenge jüdische Gesetzgebung, die den
physischen Kontakt mit Kranken oder Toten verbietet,
ganz einfach mißachtet. Ein solcher Kontakt bedeutete
die rituelle Verunreinigung. Dennoch erfüllt Jesus ohne
Rücksicht auf die damit verbundenen kultischen Probleme die Bedürfnisse der Leidenden.

Die Jünger setzen dieses Werk fort, indem auch sie unter
den als rituell unrein Betrachteten predigen, heilen und Exorzismus betreiben. In Mk. 6,6 – 13 werden sie beauftragt,
von Ort zu Ort zu ziehen und – wie Jesus selbst – zu heilen,
Dämonen auszutreiben und zu predigen. Der Junge, der
aufgrund seiner Besessenheit an epileptischen Anfällen leidet, kann nicht von den Jüngern geheilt werden. Auf Jesu
Befehl wird der Dämon vertrieben, und der Junge ist
geheilt. Selbst als der Junge zunächst für tot gehalten wird,
nimmt Jesus seine Hand – und setzt sich damit erneut über
die rituellen Reinheitsgebote hinweg (9,14 – 27). Das Versagen der Jünger bei der Heilung des Jungen wird mit ihrem
Versagen im Gebet begründet (9,28 – 29).

Die ablehnende Haltung Jesu gegenüber den Speisevorschriften und anderen kultischen Gesetzen wird
im gesamten Markusevangelium deutlich. Seine Tischgemeinschaft mit den nach rituellem Gesetz Unreinen

wurde bereits erwähnt. Mk. 7,1 – 23 berichtet, wie Jesus
den rituellen Vorschriften für die Zubereitung und den
Verzehr von Speisen jeglichen Sinn abspricht. Die Pharisäer hatten die kultischen Reinheitsgesetze so weit ver-
schärft, daß sie für häusliche Mahlzeiten die Einhaltung
jener Gebote forderten, welche die Bibel für die Priester
während des Dienstes am Tempel vorschrieb. Jesus fordert seine Gegner nicht nur dadurch heraus, daß er die
Kritik des Jesaja auf sie anwendet, der jene tadelt, die vor-
geben, Gott zu ehren, tatsächlich aber nach ihren eigenen
Geboten leben (Mk. 7,6 – 7; vgl. Jes. 29,12). Er geht noch
weiter, indem er das Prinzip der rituellen Verunreinigung
als solches leugnet.
Als Beispiel dafür, wie die Pharisäer sich auch den selbst-
verständlichsten Pflichten entzögen, nennt Jesus den
Widerspruch zwischen ihrem Bekenntnis zu dem Gebot
der Elternliebe (2. Mose 20,12 und 21,17; 5. Mose 5,16;
3. Mose 20,9) und ihrer tatsächlichen Praxis, die darin
bestehe, zu behaupten, sie hätten all ihren Besitz Gott
geopfert und nichts übrig, womit sie ihre Eltern unter-
stützen könnten (Mk. 7,11 – 12). Auf diese Kritik folgt
die pauschale Feststellung: »Es ist nichts außerhalb des
Menschen, das ihn könnte gemein (unrein) machen, so es
in ihn geht« (7,15). Diese Äußerung wird dann in
7,18 – 23, einer nur an die Jünger gerichteten Erläute-
rung, ausgeführt und präzisiert. Die wahre Unreinheit
entspringe dem menschlichen Herzen, »denn von innen,
aus dem Herzen der Menschen, gehen heraus böse
Gedanken: Ehebruch, Hurerei, Mord, Dieberei, Geiz,
Schalkheit, List, Unzucht, Schalksauge (Neid), Gottes-
lästerung, Hoffart, Unvernunft« (7,21–22). Aufgezählt
werden hier also weniger äußerlich-konkrete Verhaltens-

weisen, als mehrheitlich innere Haltungen, die vom Gesetz nicht erfaßt und geahndet werden können und daher
in keinem kultischen oder juridischen Regelwerk Platz
finden.

Der kritische Ansatz Jesu – so, wie ihn das Markusevangelium wiedergibt – rüttelt in seiner Radikalität an den
Grundfesten des Judentums. Denn Jesus stellt hier genau
jene Prinzipien und Verhaltensmuster in Frage, durch die
Israel seine Identität als Volk des Bundes erlangt und
bewahrt hatte. Diese Prinzipien wurden von Juden unter-
schiedlichster religiöser Überzeugung anerkannt, von
Sadduzäern und Priestern ebenso wie von Pharisäern
und Mitgliedern der Qumran-Gemeinde. Hätte sich
Jesus darauf beschränkt, diese Reinheitsprinzipien abzu-
lehnen, so hätten ihn die religiösen Führer als Wirrkopf
oder Querulanten abtun können. Nach der Überlieferung des Markusevangeliums nahm er aber für seine Haltung göttlichen Beistand in Anspruch und berief sich auf
das Präzedens der Propheten und Führer des frühen
Israel, wobei er sich auf wörtliche Zitate aus der Heiligen
Schrift stützte. Die Tatsache, daß sich breite Bevölke-
rungsschichten von ihm angezogen fühlten, stellte eine
Bedrohung nicht nur für die Machthaber, sondern auch
für die Integrität des jüdischen Volkes dar.

Als eine Bedrohung in diesem Sinne wurde wohl das
Bemühen Jesu empfunden, sein Wirkungsfeld auch in
den Randgebieten oder gänzlich außerhalb des Volkes
Israel zu suchen. Den Menschenmengen, die sich am See
Genezareth versammeln, schließen sich nicht nur Be-
wohner des jüdischen Herrschaftsbereiches (Galiläa, Je-
rusalem, Judäa) an, sondern auch solche aus heidnischen
Gebieten: aus Idomäa (dem Stammland der Edomiten)

und anderen Gegenden östlich des Jordan, wo die Nach-
folger Alexanders des Großen hellenistische Städte mit
all ihren öffentlichen Einrichtungen wie Tempeln, Thea-
tern, Bädern und Gymnasien errichtet hatten; sowie aus
Tyrus und Sidon, den Zentren hellenistischer Kultur am
Nordrand des vom Volk Israel bewohnten Territoriums.
In Mk. 5 wechselt Jesus in dieses heidnische Gebiet hin-
über und führt dort das Werk fort, das er auf jüdischem
Boden begonnen hat. Gerasa ist eine dieser nach grie-
chisch-römischem Muster erbauten Städte im Mittleren
Osten. Die Anwesenheit einer »großen Herde Säue« in
der Umgegend beweist, daß es sich nicht um jüdisches
Gebiet handelt. Jesus tritt nicht nur mit den dortigen
Einwohnern in Kontakt, sondern kümmert sich insbesondere um einen Mann, der in einem Grab wohnt
(5,2–3) – ein in den Augen jedes reinheitsbewußten
Juden völlig unannehmbares Verhalten. Über den Bericht
dieses Mannes, der kundtut, welche Wohltat Gott durch
Jesus an ihm vollbracht habe (5,19), wird das Wirken Jesu
in diesem Verbund hellenistischer Städte, der Dekapolis,
bekannt (5,20).
Diese Ausweitung seines Wirkens auf heidnisches Terri-
torium bleibt kein Einzelfall; sie wiederholt sich laut Mk.
7,24–37, als Jesus predigend und heilend durch die Gegend von Tyrus und Sidon zieht. Auch im Textkorpus Q
wird dieses Unterfangen Jesu erwähnt, doch das Markusevangelium berichtet darüber hinaus, Jesus habe sein Wirken in der Dekapolis fortgesetzt. Es mag in diesen Städten
strenggläubige Juden gegeben haben, doch Markus schildert nur eine Begegnung Jesu in diesem Gebiet: die Teu-
felsaustreibung an einem Kind, die er auf drängendes Bit-
ten der heidnischen Mutter vornimmt (7,25–30).

Neue Kriterien für die Teilhabe am Gottesbund

Es hat den Anschein, als sollten die Kontakte Jesu auf heidnischem Boden im Markusevangelium keineswegs als Ausnahmeerscheinungen dargestellt werden, sondern als wolle der Autor dem zeitgenössischen Leser den Eindruck vermitteln, daß die Bewegung um Jesus sowohl Heiden als auch Juden offenstehe. In einer Erzählung von hoher Symbolkraft schildert Mk. 6,30 – 44, wie Jesus die Menge, die ihm gefolgt ist, mit Brot von übernatürlicher Herkunft speist – so wie Moses im Auftrag Gottes das hungernde Volk Israel in der Wüste Sinai speiste (2. Mose 16). Mit symbolischem Bezug auf die Anzahl der Stämme Israels berichtet Markus, nach dem Mahl, bei dem alle Beteiligten gespeist worden seien, seien zwölf Körbe mit Brosamen übriggeblieben. Die Symbolik dieser Erzählung weist aber noch in eine andere Richtung, wenn sich Jesus beim Mahl jener Terminologie bedient, die den neuen Gottesbund begründet: »Und indem sie aßen, nahm Jesus das Brot, dankte und brach's und gab's ihnen . . .« (Mk. 14,22). In 8,1 – 10 findet sich ein ähnlicher Bericht. Doch treten hier an die Stelle der Fünftausend (Mk. 6,44) Viertausend (8,9); und statt der übrigbleibenden zwölf Körbe sind es hier sieben – die Zahl, die in Apg. 6 in symbolischen Zusammenhang mit den Führern der Heidenkirche im frühen Christentum tritt. Die geschichtlichen Hintergründe dieser beiden Erzählungen von der wunderbaren Speisung lassen sich unmöglich erhellen; doch ihre symbolische Bedeutung für die Offenheit der Gemeinschaft des Bundes tritt deutlich zutage. Das neue Gottesvolk bietet sowohl Juden wie Heiden Platz.

Eine ähnliche Herausforderung wie diese Neubestimmung der Bedingungen für die Teilhabe am Gottesbund
stellt die Kritik Jesu an den allgemein anerkannten Inter-
pretationen der unterschiedlichsten religiösen und sozialen Ordnungsprinzipien seiner Zeit dar. Die biblische
Überlieferung sah unter bestimmten Bedingungen die
Scheidung des Mannes von seiner Frau vor – eine Regelung, auf die sich Jesus bezieht, als er auf dieses Thema
angesprochen wird (Mk. 10,1 – 12; vgl. 5. Mose 24,1). Zur
Zeit Jesu ging es lediglich um die Frage, was denn hinrei-
chende Gründe für eine Scheidung des Mannes von seiner
Frau seien. War mit der bei Mose genannten Bedingung,
nach welcher der Mann etwas »Schändliches« an seiner
Frau finden mußte, ihre Untreue gemeint? Oder bezog
sie sich auf eine Verletzung des Ritus oder aber auf ein
›unreines‹ Leiden? Oder lieferte sie dem Gatten nur eine
bequeme Entschuldigung für die Trennung von einer
Frau, derer er im Laufe der Zeit überdrüssig geworden
war? Wie aus der späteren rabbinischen Überlieferung
hervorgeht, wurden diese Fragen zu jener Zeit von den
jüdischen Gelehrten diskutiert. Jesus aber beruft sich auf
den göttlichen Willen jenseits der gesetzlichen Bestim-
mungen – darauf, daß Gott die Menschen als Mann und
Frau geschaffen habe, damit sie eins würden (1. Mose
2,24). Und er fügt hinzu, niemand dürfe trennen, was
Gott vereint habe. In der Erklärung, die Jesus seinen Jüngern gibt (und wie wir sahen, sind solche Erläuterungen
im engsten Kreise in diesem Evangelium kennzeichnend
für das Verhältnis Jesu zu seinen Jüngern), ist Scheidung
und Wiederverheiratung beim Mann wie bei der Frau
gleichbedeutend mit Ehebruch (Mk. 10,11 – 12). Einige
Wissenschaftler haben geltend gemacht, daß dieser An-

spruch Jesu deshalb nicht authentisch sein könne, weil das jüdische Gesetz die Scheidung der Frau von ihrem Manne nicht vorsehe. Wahrscheinlicher ist jedoch, daß dieses Gebot Jesu Teil seiner radikalen Neudeutung der Bedingungen ist, die dem neuen Gottesvolk gestellt werden.

Da sich Markus in seinem Bericht hier bereits dem Höhepunkt, der Konfrontation zwischen Jesus und den Machthabern in Jerusalem, nähert, konzentriert sich der Autor auf die Themen, die zwischen Jesus und den Religionsführern seiner Zeit strittig waren (Mk. 10 – 13). Dazu gehört die Stellung des Kindes im Erwählten Volk. Obwohl nahezu alle Belege über die Entwicklung der Synagoge aus der Zeit nach Jesus stammen, läßt sich mit einiger Wahrscheinlichkeit sagen, daß die Synagoge ein »Versammlungsort« (so die Übersetzung des Wortes) erwachsener männlicher Juden war. Jesus hingegen nimmt auch die Kinder auf und verkündet, die Bereitschaft des Kindes, das Dargebotene vorbehaltlos anzunehmen, solle den Menschen Vorbild sein, wenn es um die Frage gehe, wie das Königreich Gottes zu empfangen sei: als ein Geschenk (10,13 – 16). Die Beschreibung, wonach Jesus die Kinder an sich nimmt, sie segnet und ihnen die Hand auflegt, mag als Muster für die formelle Weihe des Kindes bei der kirchlichen Taufe gedient haben. Doch kann sie darüber hinaus ein Indiz dafür sein, daß sich die kirchliche Praxis der Folgezeit am Wirken Jesu ausrichtete. Die grundsätzliche Entscheidung, auch Kinder in die neue Gemeinschaft aufzunehmen, scheint jedenfalls eindeutig auf Jesus zurückzugehen.

In den meisten Kulturen und Religionen gilt der Besitz als Zeichen göttlicher Gunst und Anerkennung. Der rei-

che junge Mann, der im Neuen Zeitalter das ewige Leben
erwerben möchte (Mk. 10,17 – 31), ist sich seiner moralischen Qualitäten ebenso gewiß wie seiner Gesetzestreue
(2. Mose 20,12 – 16; 5. Mose 5,16 – 20). Jesus, von Ernst
und Verlangen des Mannes gerührt, fordert diesen auf,
sich von seinem gesamten Besitz zu trennen. Daraufhin
entfernt sich der Jüngling – besorgt, weil er seine »vielen
Güter« den Armen geben soll. Jesus macht seinen Jüngern deutlich, wie schwer der Verzicht auf weltlichen
Reichtum sei, indem er zum Vergleich ein Bild heran-
zieht, das ein unmögliches Vorhaben symbolisieren soll:
das unbeholfene, plumpe Kamel, das durch ein Nadelöhr
kriecht (10,25). Lob aber zollt er seinen Jüngern, die aller
Sicherheit durch Familie und Familienbesitz entsagt
haben und dafür in der zukünftigen Welt einen vielfachen
Lohn erhalten werden (10,29 – 31). Eine vergleichbare
Äußerung zu diesem Thema findet sich in 12,41 – 44, wo
Jesus die zwei Kupfermünzen (»Scherflein«), die eine
arme Witwe für den Tempel opfert, höher einschätzt als
die protzigen Geschenke der Reichen. Die Lehren beider
Erzählungen sprechen der gängigen Weisheit hohn, nach
der Reichtum von moralischen Qualitäten zeugt.
Da die ersten fünf Bücher der Bibel keine Grundlage für
den Glauben an eine Auferstehung boten, lehnten die
Sadduzäer eine solche Vorstellung ab und verspotteten
jene, die sich dazu bekannten (Mk. 12,18 – 27). Der Mar-
kustext berichtet davon, wie sie ihren Standpunkt
dadurch zu untermauern suchen, daß sie sich auf jene
Gesetzesvorschrift berufen, wonach der Bruder eines
Verstorbenen dessen Witwe heiraten muß, um für den
Toten Kinder aufzuziehen (5. Mose 25,5 – 6). Sie argu-
mentieren folgendermaßen: Wenn es eine Auferstehung

gäbe, so würde es in solchen Fällen, in denen die Frau mit
mehreren Brüdern verheiratet gewesen sei, im Neuen
Zeitalter unmöglich sein zu entscheiden, wessen Gattin
sie sei. Jesus betont in seiner Erwiderung, alle Angehöri-
gen des Gottesvolkes stünden – ungeachtet der Generation, welcher sie angehörten, oder der Zeit, in der sie lebten – in demselben Verhältnis zu Gott. Das bedeutet, daß
im Neuen Zeitalter die menschlichen Beziehungen nicht
in derselben Weise wie in diesem Leben fortbestehen,
sondern eine Verwandlung erfahren.

Welches Gebot hat die größte Bedeutung? Dieses Problem beschäftigte Generationen von Rabbinern vom
Beginn des späten 1. Jahrhunderts an. In dieser Frage
erscheint Jesus bei Markus mit einem Schriftgelehrten
einig. Zur Zeit Jesu waren die Schriftgelehrten Männer,
die ihr Leben dem Studium und der Auslegung der Heiligen Schrift gewidmet hatten. Einige der Funktionen, die
sie als Bibelkundige erfüllten, sind etwa den Aufgaben
vergleichbar, die heute Rechtswissenschaftler, aber auch
Geistliche und praktizierende Anwälte erfüllen. Ob sie
zu jener Zeit unentgeltlich ihren Rat erteilten oder ihre
Tätigkeit professionell und gegen Bezahlung ausübten,
läßt sich nicht feststellen. Dem im Markusevangelium
(12,28 – 34) wiedergegebenen Bericht dieses Disputs
zufolge vereinigt Jesus drei entscheidende und grundlegende Elemente des jüdischen Glaubens: (1) das sogenannte Sch^{e}ma – »Höre, Israel …« – aus 5. Mose 6,4;
(2) das Gebot der Gottesliebe, das auf das Sch^{e}ma folgt;
(3) das Gebot der Nächstenliebe aus 3. Mose 19,18. Der
Schriftgelehrte stimmt nicht nur dieser Formulierung zu,
die Jesus für die moralischen Grundprinzipien findet,
sondern fügt noch einen (auf den Worten Samuels an den

ungehorsamen König Saul, 1. Sam. 15,22, basierenden)
Aspekt hinzu: daß die Einhaltung dieser Gebote wichtiger sei als das Darbringen von Opfern im Rahmen des
kultischen Rituals. Die hierin enthaltene Kritik an der
Bedeutung des Opfersystems wird in einer anschließenden Rede Jesu dann offen ausgesprochen (Mk. 13).

Der Messias und sein Volk

Den thematischen Schwerpunkt im gesamten Markusevangelium – besonders aber in der zweiten Hälfte vom
siebten Kapitel an – bildet die Herausforderung, welche
die Lehren Jesu für die Mehrzahl der Verhaltensnormen
und Glaubenssätze darstellten, die im Judentum des
1. Jahrhunderts unserer Zeitrechnung gültig waren. Wie
bereits in der Analyse des Textkorpus Q (s. Kap. 3: »Die
Funktion Jesu im Vergleich mit der des Johannes«) und
an anderer Stelle in diesem Kapitel bemerkt, gab es keine
geschlossene Auffassung des Messiasgedankens. Zwar
war den Gläubigen nach der jüdischen Überlieferung
durchaus bekannt, daß der endgültigen Erlösung aller
Wahrscheinlichkeit nach Verfolgung und Märtyrerschaft
vorausgehen würden, doch gehörte die Vorstellung, daß
auch der Messias selbst Leidtragender sein müsse, nicht
zum allgemeinen Gedankengut.
Es überrascht daher nicht, daß Petrus und die anderen
Jünger die Prophezeiungen Jesu nicht begreifen können,
er »müsse« leiden, um die ihm von Gott übertragene
Aufgabe, die Schaffung eines neuen Gottesvolkes, erfüllen zu können. Dem Markusevangelium zufolge setzt
sich Petrus ausdrücklich gegen diesen Gedanken zur

Wehr (8,32) und wird daraufhin von Jesus beschuldigt, Handlanger des Satans zu sein. Nach der zweiten Leidens- und Todesverkündigung Jesu erhebt sich unter den Jüngern ein Gezänk darum, wer in der neuen Gemeinschaft »der Größte wäre« (Mk. 9,34). Jesus antwortet mit der Ermahnung, wer ihm folge, müsse bereit sein, die Rolle des Knechtes im Dienste aller zu übernehmen (9,35 – 36). Im Anschluß an die dritte und ausführlichste Verkündigung der Kreuzigung und Auferstehung (10,33 – 34) erheben Jakobus und Johannes Anspruch auf einen Ehrenplatz im Königreich Gottes. Und wiederum erinnert Jesus die beiden an die Rolle des Dieners, die er um ihretwillen und zugunsten des neuen Gottesvolkes übernimmt (10,35 – 45). Wenn auch zu vermuten ist, daß diese Verkündigungen Jesu über den eigenen Tod und die Auferstehung in ihrer endgültigen Formulierung auf die frühe Kirche zurückgehen, so spiegeln sie sehr wahrscheinlich doch zwei entscheidende historische Faktoren wider: zum einen, daß Jesus zu der Überzeugung gelangte, sein Tod sei unabdingbare Voraussetzung für die Erfüllung seiner gottgewollten Funktion; und zum anderen, daß diese Auffassung im Widerspruch zu den verschiedenen Ausprägungen messianischer Erwartung stand, die zur Zeit Jesu in Israel existierten.

Derselbe Konflikt zwischen den gängigen Vorstellungen vom Messias als siegreichem Sendboten Gottes, der in einer machtvollen Demonstration göttlicher Kraft seine Feinde besiegt, und dem Rollenverständnis Jesu tritt in der Erzählung vom Einzug in Jerusalem (Mk. 11,1 – 10) zutage. Markus spricht durchaus nicht davon, daß Jesus als König in die Stadt einzieht, sondern berichtet lediglich, sein Einzug werde mit dem Nahen der ersehnten

Herrschaft Gottes in Zusammenhang gebracht. Die Rufe der Menge erinnern an Ps. 118,26 – 27, der den lobpreist, der da (nach Jerusalem? in den Tempel?) kommt »im Namen des Herrn« – das heißt in Gottes Auftrag und in Erfüllung des göttlichen Willens. Wenn das Volk Kleider und Zweige auf dem Weg vor Jesus ausbreitet, so stellt sich auch hier eine Verbindung zu Psalm 118 her. Die Tatsache, daß Jesus auf einem Esel statt auf dem imposanteren Pferd reitet, ist in diesem Zusammenhang von ebensolcher Bedeutung. Der Vorgang spielt auf Sach. 9,9 an, wo vom Einzug des siegreichen Königs in Frieden und Demut die Rede ist. Wer einmal im Mittleren Osten einen Esel gesehen hat, weiß, daß es unmöglich ist, auf dem Rücken dieses anspruchslosen, kleinen Tieres mit dem gesenkten Kopf Eindruck zu schinden. Um es noch einmal zu betonen: Es ist bezeichnend, welche Form Jesus für seinen Einzug in die Stadt wählt (den ersten, von dem Markus berichtet). Sein Auftritt läßt sich nicht mit den Hoffnungen jener vereinbaren, die den Römern die Macht mit militärischer Hilfe oder mit gewaltsamen Mitteln entrissen sehen wollen.

Jene, die vielleicht von Jesus ein unmittelbares Eingreifen erwartet haben, werden enttäuscht. Anders als Matthäus und Lukas, die berichten, wie Jesus den Tempel betritt und dort die Macht an sich nimmt, beschreibt Markus lediglich, wie Jesus den Tempel betritt, sich umschaut und ihn wieder verläßt. Dieser Episode folgt jedoch die Erzählung vom unfruchtbaren Feigenbaum (Mk. 11,12 – 14), die ein Symbol aus den Büchern der Propheten (z. B. Jer. 8,13 – 15) aufnimmt, das in diesen Texten die moralische Unzulänglichkeit Israels vergegenwärtigen soll, die das Gottesgericht heraufbeschwört. Gottes

Mißfallen an dem ungehorsamen Volk wird durch das Welken des Baumes symbolisiert, von der später (Mk. 11,20 – 21) die Rede ist.

In diesen Rahmen bettet das Markusevangelium den Angriff Jesu auf die zur Schau getragene Religiosität der Schriftgelehrten (12,37 – 40), die durch lange Kleider Aufmerksamkeit erregen wollen und bei der Versammlung der Gläubigen in der Synagoge gern auf Ehrenplätzen sitzen. Jesus wirft ihnen vor, auf Kosten der Schwachen zu leben und ihre Betrügereien mit langatmigen Gebeten zu verbrämen. Obwohl sie den Anspruch erheben, dem Gottesvolk den göttlichen Willen zu deuten, haben sie ein strenges Gottesurteil zu erwarten. Bezeichnenderweise vertiefen Lukas und besonders Matthäus diesen Aspekt der Jesusüberlieferung. Beide schreiben nach dem Fall Jerusalems, zu einer Zeit, da die Feindschaft zwischen Juden und Christen erheblich gewachsen ist (vgl. dazu auch S. 120 f. und Kap. 5).

Ein weiteres Thema, zu dem sich Jesus äußert, gewinnt im letzten Drittel des 1. Jahrhunderts und in den ersten Jahrzehnten des 2. Jahrhunderts für die Juden zunehmend an Bedeutung: Es ist die Frage, welche Haltung man gegenüber der römischen Herrschaft in Palästina einnehmen sollte. Die Priester und ihre Verbündeten, die Sadduzäer, fanden kaiserliche Anerkennung für ihre Rolle als Wahrer des kultischen Lebens im Tempel. Beide Gruppen gehörten dem Hohen Rat an, der bei der Verwaltung Judäas eine begrenzte Autonomie genoß. Die Zusammenarbeit mit den Römern war offenbar durchaus in ihrem Sinne; ein Umsturz nicht erwünscht. Die Pharisäer hatten ihr Interesse der Politik entzogen (in die sie sich zur Zeit der jüdischen Könige aus dem Geschlecht der Makkabäer nachdrücklich eingemischt hatten) und sich der Förderung der individuell und gemeinschaftlich praktizierten Frömmigkeit zugewandt, indem sie interessierte Juden zu Gebet und Bibelstudium in ihren Häusern versammelten. Für eine solche Lebensführung stellte Rom keine Bedrohung dar. Und die Aufrechterhaltung politischer und wirtschaftlicher Stabilität gab den Pharisäern die Gewähr dafür, daß sie ihre religiösen Vorstellungen ungehindert verwirklichen konnten. Die Essener hatten sich in die Siedlung am Toten Meer zurückgezogen, wo sie darauf warteten, daß Gott sowohl die Römer als auch die jüdischen Autoritäten in Jerusalem vertreiben und ihnen die Macht durch sein unmittelbares Eingreifen übertragen werde. Unterdessen machten sie jedoch keinerlei Anstalten, sich gegen Rom zu erheben.

Doch unter der oberflächlichen Übereinstimmung all dieser religiösen Gruppen mit der machtvollen Präsenz Roms lauerte der Unmut über die Unterdrückung durch eine heidnische Macht. Das Motiv für jene Frage, die Pharisäer und Herodianer gemeinsam an Jesus richten (Mk. 12,13 – 17), ist in dem Wunsch zu suchen, Jesus in dieser heiklen Frage zu einer öffentlichen Stellungnahme zu bewegen. Wenn er einer Erhebung gegen Rom das Wort redete, so konnten sie ihn bei den Römern als Umstürzler anzeigen. Seine Antwort (12,17) zielte darauf ab, die Entscheidung darüber, wie die Verpflichtungen gegenüber der römischen Besatzungsmacht auf der einen und Gott auf der anderen Seite zu gewichten seien, an die Fragesteller zurückzuverweisen. In den Äußerungen Jesu deutet nichts auf eine Tendenz zu politischer Revolte hin; und doch findet sich darin eine Botschaft, die weitaus

mehr Gewicht hat als das Problem der Steuerpflicht
gegenüber dem Kaiser.

Als größte Herausforderung Jesu an seine jüdischen Zeitgenossen erscheint im Markusevangelium die Infragestel-
lung der einzigartigen Rolle Israels im göttlichen Plan.
Zwei Gleichnisse im letzten Teil des Evangeliums legen
davon Zeugnis ab: Das Gleichnis von den Weingärtnern
(12,1 – 12) stützt sich auf ein Bild aus Jes. 5, wo in der
Erzählung vom Umgang eines Weinbauern mit seinem
unfruchtbaren Weinberg allegorisch das Verhalten Gottes
gegenüber seinem Erwählten Volk behandelt wird. Dieses Bild gebrauchen auch andere Propheten (Hos. 10,1;
Jer. 2,21; Ez. 19,10 – 14). Die Parabel im Jesajatext erzählt, welche Vorkehrungen der Besitzer des Weinberges
für das Wachstum der Reben getroffen hat, und wie der
Weinberg dennoch nichts als wilde Früchte trägt (Jes.
5,4). Daraufhin reißt der Besitzer die Grenzzäune nieder,
damit der Berg verwüstet werde; er verbietet, ihn fortan
zu bearbeiten und gebietet den Wolken, »daß sie nicht
darauf regnen« (5,6).

Diese Symbolik greift Jesus auf, wenn er von dem Besitzer eines Weinberges erzählt, der diesen während seiner
Abwesenheit Pächtern überläßt, ehe er außer Landes
geht. Als er später seine Knechte ausschickt, um seinen
Gewinnanteil einzufordern, werden sie von den Pächtern
mißhandelt. Die Pächter gehen so weit, einige der Boten
zu ermorden (Mk. 12,5). Als dann der Sohn des Wein-
bergbesitzers erscheint, töten die Pächter auch ihn in der
Hoffnung, dadurch den Weinberg in ihren Besitz bringen
zu können. Wie wird nun der Besitzer auf diese Perver-
tierung seiner ursprünglichen Vorhaben reagieren? »Er
wird kommen und die Weingärtner umbringen und den

Weinberg andern geben« (12,9). Die Mißachtung des Sohnes ist auf der Folie von Ps. 118,22 – 23 zu sehen, der verkündet, Gott werde »den Stein, den die Bauleute verworfen haben«, zum Eckstein seines neuen Bauvorhabens machen. Da das bestimmende Symbol in diesem Gleichnis dem Schicksal Israels zugeordnet ist, ist seine Bedeutung unmißverständlich: Gott gründet durch Jesus ein neues Volk des Bundes. Markus läßt keinen Zweifel daran, wie die Religionsführer dieses Gleichnis aufnahmen: »Sie verstanden, daß er auf sie dies Gleichnis geredet hatte« (Mk. 12,12).

Konfrontation Jesu mit den Mächtigen in Jerusalem

Die zweite große Herausforderung, die Israel in seinem Selbstverständnis in Frage stellt, seine Rolle im göttlichen Weltenplan anzweifelt, richtet sich gegen die Institution des Tempels. Der Tempel war nach dem Glauben aller Juden ein Ort der Gegenwart Gottes in seinem Volk. Er war jedoch – nach seinem prachtvollen Wiederaufbau durch Herodes – zugleich die größte Einnahmequelle für Jerusalem und Judäa, die bedeutendste touristische Attraktion und die Hauptursache jüdischen Stolzes. Mit dem Wiederaufbau war in den Jahrzehnten vor der Geburt Jesu begonnen worden. Doch obgleich die Tempelanlage selbst auf den anspruchsvollsten Besucher höchst eindrucksvoll wirkte, war sie noch nicht gänzlich fertiggestellt, als sie 70 n. Chr. als Vergeltung für den nationalistischen Aufstand der Juden von den Römern zerstört wurde. In erster Linie aber war der Tempel für die Juden der Ort, an dem sich das Gottesvolk in Dank-

barkeit oder Reue seinem Gott nähern konnte. Durch
die strikte Einhaltung der dort in regelmäßigem Tur-
nus abgehaltenen rituellen Opfer und kultischen Feste
glaubte man, sich der Verbundenheit Gottes mit seinem
Volk und dessen Nachkommen versichern und seinen
Segen für die Ernte erlangen zu können. Der Besuch im
Tempel bedeutete für das Volk Israel im wahrsten Sinne
des Wortes die Annäherung an Gott.

Beim Gottesdienst durfte nur der Hohepriester – und
auch dieser nur zu den Vorbereitungen des Versöhnungs-
festes und mit den entsprechenden Opfergaben – das
Innerste des Heiligtums, das Allerheiligste, betreten.
Zum weitläufigeren Priesterhof hatten jedoch die Priester bei anderen kultischen Zeremonien Zugang, und der
Israelitenhof stand allen männlichen Israeliten offen.
Frauen wurden nicht weiter als bis zum Vorhof der
Frauen vorgelassen, und Heiden hatten nur zu den äuße-
ren Tempelbezirken, dem Vorhof der Heiden (oder Völker) Zutritt. Dieser Bereich umfaßte weitaus die größte
Fläche der gesamten Tempelanlage. Es war der Ort, den
auch nichtjüdische Touristen betreten durften, um das
berühmte Bauwerk zu sehen, und an dem Kaufleute und
Geldwechsler Opfergaben und Münzen bereithielten,
welche die Gläubigen benötigten, um ihren Pflichten als
Angehörige des Erwählten Volkes zu genügen.

Jesus protestiert dagegen, daß der Ort, der ursprünglich
den Heiden die Annäherung an Gott ermöglichen sollte,
nun zu kommerziellen Zwecken genutzt wird (Mk.
11,17). Nachdem er den Tempel in seiner Pracht besehen
hat, prophezeit er zum Erstaunen seiner Jünger dessen
vollständige Zerstörung (13,1 – 4). In einer der für das
Markusevangelium so charakteristischen Szenen der Er-

läuterung im engsten Kreise spricht Jesus über die außerordentlichen Schwierigkeiten, denen die Jünger und alle Gläubigen am Ende des gegenwärtigen Zeitalters ausgesetzt sein werden. Der Tempel wird – wie zwei Jahrhunderte zuvor unter dem Heidenkönig Antiochus Epiphanes – zur heidnischen Kultstätte werden. Im Jahre 168 v. Chr. hatte Antiochus im Tempel eine Zeus-Statue aufstellen lassen und von allen seinen jüdischen Untertanen verlangt, ihn selbst in diesem Standbild als Gott zu verehren. Dies hatte zum Aufstand der Makkabäer geführt, der mit der feierlichen Wiedereinweihung des Tempels im Jahre 165 endete. Auch der römische Kaiser Caligula (reg. 37 – 41) hatte die Aufstellung seines Standbildes im Tempel angeordnet, war jedoch ermordet worden, noch ehe sein Befehl zur Ausführung gelangte. Markus zufolge erwartet Jesus die Wiederholung dieses Geschehens, das jedoch dann zur Vernichtung des Gottesvolkes und zur endgültigen Zerstörung des Tempels führen soll. Darauf soll dann die glorreiche Ankunft des Menschensohnes folgen (13,24 – 27). Gott aber, so verkündet Jesus, wird sein in alle Winde zerstreutes neues Volk trotz all der zu erduldenden Leiden vor dem Untergang bewahren (13,19 – 20). Diese Rede – die längste zusammenhängende Äußerung Jesu im Markusevangelium – endet mit den Worten, niemand wisse, wann sich diese Verkündigung erfüllen werde, doch jedermann müsse darauf vorbereitet sein. Die Passage schließt mit dem Gleichnis vom Hausherrn, dessen Dienerschaft auch während seiner Abwesenheit ständig auf seine Rückkehr gefaßt sein muß (13,33 – 37). Diesen Abschnitt des Evangeliums (Kap. 13) halten zahlreiche Wissenschaftler für das Werk eines Mitglieds der frühen Kirchengemeinde, das unmit-

telbar vor oder zeitgleich mit dem Fall Jerusalems
(66 – 70) und der Zerstörung des Tempels entstanden sei.
Dieser Theorie zufolge deuteten die frühen Christen
diese Katastrophe als das endgültige Verdammungsurteil
Gottes über das alte Israel vor dem Anbruch des Neuen
Zeitalters. Die Tatsache jedoch, daß Matthäus und Lukas
dieses Material ausarbeiteten und – wie sich bei der
Untersuchung des Lukasevangeliums erweisen wird – die
Prophezeiungen durch explizite Hinweise auf den Einfall
der römischen Armee konkretisierten, läßt den Schluß
zu, daß dieser Text wenigstens im Kern durchaus auf
Jesus zurückgehen könnte. Die diesem Kapitel zugrunde
liegende Prophezeiung von der Zerstörung des Tempels
und der anschließenden Formierung des neuen glaubens-
starken Gottesvolkes scheint jedoch von Jesus selbst
zu stammen. Diese Prophezeiung war sehr wahrscheinlich die Hauptursache für die Koalition all jener religiösen Autoritäten, die auf die Ausschaltung Jesu bedacht
waren.

Das letzte längere Beisammensein Jesu mit seinen Jüngern, das im Markusevangelium geschildert wird, ist das
bekannte letzte Abendmahl, in dessen Mittelpunkt die
gemeinsame Teilhabe an Brot und Wein steht. Das Kom-
plott zur Vernichtung Jesu ist bereits geschmiedet (Mk.
14,1 – 2) und soll möglichst unbemerkt von den zum Passahfest in Jerusalem versammelten Massen ausgeführt
werden. Das Evangelium berichtet, wie Jesus das Rein-
heitsgebot verletzt, indem er sich im Hause eines Aussätzigen aufhält, und wie er dort von einer Frau ge-
salbt wird, die seinen Tod voraussieht (14,3 – 9). Der Verrat des Judas wird geplant (14,10 – 11) und vollzogen
(14,43 – 52), als ein von den Hohenpriestern, den Schrift-

gelehrten und Ältesten ausgesandter Trupp Bewaffneter
Jesus ergreift, der sich mit seinen Jüngern außerhalb der
Stadt in Gethsemane aufhält. Markus schildert das Mahl
im Rahmen einer Passahfeier, jenes Festes also, mit dem
das alte Volk des Bundes an die Befreiung Israels aus der
ägyptischen Gefangenschaft erinnerte, die zu seiner Entstehung geführt hatte. Doch finden in dieser Darstellung
weder das Lamm noch die bitteren Kräuter Erwähnung –
beides unverzichtbare Bestandteile dieser jüdischen Tradition. Statt dessen ist von der Teilhabe aller an dem Laib
Brot und dem Kelch die Rede, mit denen Jesus symbolisch sich selbst bzw. sein Leben hingibt. Das Blut des
Bundes (Paulus ergänzt diese Überlieferung und spricht
vom »Neuen Bund«, 1. Kor. 11,23 – 25) wird für alle
seine Anhänger vergossen. Dieser Bund wird nach der
Vollendung des Reiches Gottes den göttlichen Willen zur
Erfüllung bringen (Mk. 14,22 – 25). Jesus beschreibt sein
Schicksal als Gründer und Führer des neuen Gottesvolkes mit einem Zitat aus Sach. 13,7: »Ich werde den Hirten
schlagen, und die Schafe werden sich zerstreuen« (Mk.
14,26 – 31). Jesu Verleugnung durch Petrus und die
Flucht der Jünger nach seiner Gefangennahme bestätigen
den Eindruck, daß selbst seinen engsten Vertrauten noch
das Verständnis für die Ziele fehlt, die Gott mit Hilfe Jesu
um ihretwillen verfolgt. Dennoch prophezeit Jesus, er
werde die Jünger nach seiner Wiedererweckung in Galiläa erneut um sich versammeln (14,28). Er verharrt im
Gebet, wobei er sich gegen die ihm von Gott übertragene
Rolle des Opfers aufbäumt, die er so bald wird übernehm-
men müssen (14,32 – 42).
Nach seiner Gefangennahme wird Jesus vor dem Hohen
Rat oder Synhedrion (später als *Sanhedrin* ins Hebräi-

sche transkribiert) angehört. Der Hohe Rat, dem jüdische Autoritäten der Region angehörten, war für die
Regelung der kommunalen Angelegenheiten in Jerusalem und Judäa verantwortlich – wie dies der Praxis im
gesamten römischen Herrschaftsgebiet entsprach. Auf
direktes Befragen vor diesem regionalen Rat legt Jesus
das Messiasbekenntnis ab und verkündet, Gott werde
ihn im Neuen Zeitalter als Menschensohn zu sich erheben (Mk. 14,61 – 62). Doch da die jüdischen Machthaber
nicht über sein weiteres Schicksal entscheiden können,
übergeben sie ihn dem Vertreter der politischen Macht,
Pilatus. Der römische Statthalter verurteilt ihn dann als
Thronprätendenten zum Tode und gibt den Juden ironi-
scherweise einen Aufständischen frei (15,7). Die Inschrift
zu Häupten des gekreuzigten Jesu bezeugt, daß die Anklage, die ihn das Leben kostet, nicht auf Verletzung
des jüdischen Gesetzes lautet, sondern daß er der politischen Gegnerschaft zu Rom bezichtigt wird. Die Juden
waren berechtigt, in solchen Fällen Recht zu sprechen,
die nach ihren kultischen Gesetzen als Kapitalverbrechen
galten. Von diesem Recht wurde jedoch im Verfahren
gegen Jesus kein Gebrauch gemacht. Die Schmähungen,
mit denen der Gekreuzigte überhäuft wird, sind Zeugnis
für die politische Motivation der Anklage, die auf dem
Vorwurf gründet, er habe sich zum »König der Juden«
machen wollen (15,26 und 32). Mit einem zutiefst
menschlichen Aufschrei der Verzweiflung an Gott, einem
Zitat aus Ps. 22,2, stirbt Jesus (Mk. 15,33 – 41). Angesichts seines Sterbens erkennt ein römischer Offizier in
ihm »Gottes Sohn« (15,39), und ein gläubiger Jude, Mitglied des Rates, sorgt für seine rasche Grablegung vor
Anbruch des Sabbats (15,42 – 47). Zwei Frauen, die beide

den Namen Maria tragen, schauen der Grablegung in der
Absicht zu, am Morgen nach dem Sabbat noch vor Tages-
anbruch zurückzukehren und seinen Leichnam für ein
würdiges Begräbnis vorzubereiten.

Als sie dann zurückkehren (Mk. 16,1–8), finden sie das
Grab offen und den Leichnam verschwunden. Ein Jüngling erinnert sie an das Wort, durch welches Jesus seinen
Jüngern und Petrus verkündet hat, sie würden ihn nach
seiner Auferstehung von den Toten in Galiläa wiederse-
hen. Das Markusevangelium endet, ohne diese Begegnung beschrieben zu haben, zeigt also die Jünger in
ängstlicher Erwartung des Fortgangs der Ereignisse. Die
anderen Evangelisten brechen an diesem Punkt ihren
Bericht nicht ab, sondern beschreiben in aller Ausführlichkeit die Erscheinung Jesu am leeren Grab oder seine
darauffolgende Erscheinung vor den Jüngern oder beide
Begebenheiten. Markus begnügt sich mit der Versicherung, Gott werde Jesus zu ihnen zurückbringen,
beschreibt die Begegnung selbst aber nicht. Der gläubige
Leser ist von der Tatsächlichkeit des Geschehens überzeugt; der Skeptiker fühlt sich herausgefordert, zu er-
gründen, welcher Stellenwert dieser Behauptung im
Licht der folgenden Ereignisse beizumessen ist. Wie wir
bereits sahen, liefert Paulus eine Aufzählung der Erschei-
nungen des Auferstandenen: vor Petrus, vor den übrigen
Jüngern, vor Hunderten von Menschen, und schließlich
vor ihm selber (1. Kor. 15,3 – 8). Für ihn besitzt dieses
Geschehen den gleichen Realitätswert wie für die übrigen
Zeugen, die behaupten, den Auferstandenen gesehen zu
haben – so wie dies die drei anderen Evangelisten überliefern. Während Markus den Schluß seiner Erzählung
offenläßt, bieten die übrigen Evangelien nach Meinung

ihrer Verfasser schwerwiegende und unwiderlegbare Beweise für ihre Behauptung von der Auferstehung Jesu (s. Kap. 5).

Wenn Markus in seinem Evangelium auch nicht den Konventionen moderner Geschichtsschreibung folgt, so stehen im Zentrum seines Berichtes doch dieselben Themen, die, wie wir sahen, auch in den nicht-testamentlichen Schriften aus frührömischer Zeit Erwähnung finden. Diese Themen sind: (1) Der von Pilatus angeordnete Kreuzestod Jesu. (2) Die außerordentlichen Taten, die er – ohne Billigung der anerkannten Autoritäten – vollbracht haben soll. (3) Seine im dunkeln liegende Herkunft aus einer kleinen Provinzstadt. (4) Das Fortbestehen der von ihm ins Leben gerufenen Bewegung über seinen Tod hinaus. Das Markusevangelium enthält eine Reihe von Überlieferungen, die zu jedem dieser Themen im einzelnen nähere Erläuterungen bieten und dem Leser – aus der Perspektive einer Gruppe von Anhängern mit einem zeitlichen Abstand von mehr als 30 Jahren zu Jesu Tod – Aufklärung über den Hintergrund dieser weithin bekannten historischen Überlieferung verschaffen.

Es kann kein Zweifel darüber bestehen, daß das Markusevangelium in einem Umkreis entstand, der in Jesus tatsächlich das Werkzeug Gottes bei der Gründung eines Neuen Bundes und einer Neuordnung der Schöpfung sah. Der Autor dieses Evangeliums ist kein objektiv berichtender Historiker; doch jeder Historiker vertritt bewußt oder unbewußt einen Standpunkt, nimmt implizit Wertungen vor und stellt Spekulationen an. Markus gibt viele seiner Überzeugungen explizit preis. Wie wir sahen, scheinen die zahlreichen Erläuterungen im engsten Kreise, ebenso wie die formalisierte Auslegung einiger

Jesusworte an den Bedürfnissen und der Situation ausge-
richtet zu sein, die sich erst in der Jesus nachfolgenden
Generation für die Kirche ergaben. Das heißt aber keineswegs, daß diesen Überlieferungen jeglicher historischer Wert abzusprechen ist. Aus den beiden Texten, der
älteren Überlieferung Q und dem Markusevangelium,
ergibt sich ein übereinstimmendes Jesusbild, das dem der
außerbiblischen Quellen entspricht.

5. Kapitel

Die anderen Evangelien

In der Analyse des Textkorpus Q sowie des Markusevangeliums wurde bereits darauf hingewiesen, daß die
im Markusevangelium geübte Praxis, die Jesusüberlieferung den veränderten Bedingungen und Bedürfnissen
der eigenen Gemeinde im späteren 1. Jahrhundert anzu-
passen, von den Verfassern des Matthäus-, des Lukas-
und des Johannesevangeliums in unterschiedlicher Weise
fortentwickelt wurde. Diese späteren Autoren mögen in
Einzelfällen wohl durchaus bedeutendes historisches
Material aus der Frühzeit in ihre Werke aufgenommen
haben – Fälle, die in der folgenden Analyse der einzelnen Evangelien angesprochen werden sollen. Es wird in
diesem Kapitel aber auch darum gehen, die besonderen
Ziele und Interessen aufzuzeigen, die den jeweiligen
Verfasser bei der Bearbeitung des Evangelien-Stoffes lei-
teten. Daß die Untersuchung dieser drei Evangelien
weniger Raum einnimmt, beruht auf zwei Faktoren:
(1) Die drei Evangelien sind zu einem späteren Zeitpunkt und unter veränderten historischen Bedingungen
und daher mit einem größeren Abstand zu den Ereignissen entstanden, von denen sie berichten. (2) Ein
Großteil des historischen Materials (das oft entscheidende Veränderungen aufweist) entstammt dem Textkorpus Q und dem Markusevangelium, Quellen, die
bereits ausführlicher behandelt wurden. So stellt sich die
Ausgangsfrage dieses Buches nun in veränderter Form:
Welche neuen Erkenntnisse liefern diese drei Evangelien

über Jesus und über den Prozeß der Aneignung und des Umgangs mit der Jesusüberlieferung in den frühchristlichen Gemeinden?

Das Lukasevangelium in seiner literarischen Bedeutung

Das Lukasevangelium unterscheidet sich in einem für diese Untersuchung bedeutsamen Punkt von den übrigen drei Evangelien: Der Autor verleiht seiner Erzählung der Geschichte Jesu und der frühen Kirche eine literarische Form, in der sich die zeitgenössische Geschichtsauffassung widerspiegelt. Offensichtlich will er seinen Bericht über Jesus und die Apostel für den kritischen Leser des späten 1. oder frühen 2. Jahrhunderts in eine Form kleiden, die diesem aus anderen historischen Werken vertraut ist. Die stilistische Anlehnung an die zeitgenössische Geschichtsschreibung läßt sich im formalen Bereich an solchen Äußerlichkeiten wie dem Hinweis darauf festmachen, daß zuvor schon andere Autoren dasselbe Thema behandelt haben; der Aussage, daß der Verfasser seinen Bericht »in Ordnung« (in chronologischer Reihenfolge) schreibe; sowie der Nennung seines Gönners Theophilus, unter dessen Schirmherrschaft er sein zweibändiges Werk verfaßt habe (Lk. 1,1 – 4). Wichtiger noch ist die Behauptung des Autors, er habe sein Wissen, das ihm Augenzeugen des Geschehens überliefert hätten, »von Anbeginn mit Fleiß erkundet«. Noch bedeutsamer aber – und im Kontext der Evangelien einzigartig – ist die Tatsache, daß Lukas über die Erzählung der Lebensgeschichte Jesu hinausgeht und in der Apostelgeschichte einen Bericht über die Ausbreitung des Christentums von den Anfängen in Jerusalem bis hin nach Rom, in das symbolische Zentrum der heidnischen Welt bietet.

Dennoch sollte nicht vergessen werden, daß es den Historikern jener Epoche nicht allein darum ging, Ereignisse aus der Vergangenheit darzustellen, sondern daß sie ihre Aufgabe darin sahen, diese vergangenen Ereignisse für die Leser der Gegenwart zu interpretieren. Selbstverständlich prägte dieses Bemühen zu allen Zeiten die Arbeit des Historikers, doch in der Entstehungszeit des Lukasevangeliums gaben die Geschichtsschreiber nicht vor, objektiv nur das zu berichten, was »sich tatsächlich ereignet hat«. Dieser Anspruch entwickelte sich im späten 18. und frühen 19. Jahrhundert und ist in der – irrigen – Vorstellung einiger moderner Historiker noch immer lebendig. Die Antike war in dieser Beziehung aufrichtiger: Die Historiker waren keine neutralen Berichterstatter, sondern suchten dem Leser der Gegenwart die Ereignisse der Vergangenheit im Rahmen eines größeren Bedeutungszusammenhanges zu vergegenwärtigen. Zu Beginn des Lukasevangeliums wird dies deutlich: Der Leser soll »die Zuverlässigkeit der Dinge (erkennen), über die (er) unterrichtet worden« ist (Lk. 1,4).

Die Erkenntnis, daß Lukas mit Hilfe seines historischen Berichts Stellung bezieht, sollte nicht dazu führen, sein Werk als historisch wertlos abzutun. Tatsächlich läßt sich der Umgang mit den Quellen im Lukasevangelium durch einen Vergleich mit dem Textkorpus Q sowie dem Markusevangelium überprüfen. Die Ergebnisse werden zeigen, daß Lukas sich im wesentlichen auf diese beiden Quellen stützt, und daß er höchstwahrscheinlich den Korpus Q genauer wiedergibt als Matthäus und sich

dabei sogar in der Abfolge am Ursprungstext orientiert.
Einige Wissenschaftler nehmen an, daß er sich in der
Chronologie der Ereignisse stärker an die Quelle Q
anlehnt. Die Rekonstruktion des Textkorpus Q stützt
sich jedenfalls großenteils auf das Lukasevangelium, das
die Worte Jesu in ursprünglicherer Form präsentiert als
das Matthäusevangelium, dessen Verfasser sie weitaus
unbefangener seinen eigenen Zwecken anpaßt. Wir können daher davon ausgehen, daß Lukas sich in seinem
Umgang mit den Quellen als verantwortlicher Historiker
erweist.

Das Lukasevangelium und die allumfassende Botschaft Jesu

Wodurch zeichnet sich nun das Jesusbild des Lukasevangeliums aus? Dem Verfasser des Evangeliums kommt es
in seinem gesamten Werk darauf an, die Verkündigungen
und Erwartungen des Alten Testaments mit dem Erscheinen Jesu in Beziehung zu setzen und in diesem Zusammenhang verbindende Elemente der Kontinuität wie
auch trennende Elemente der Veränderung aufzuzeigen.
Dieses Bemühen ist allerdings nicht allein dem Lukasevangelium eigen, sondern kennzeichnet auch die übrigen Evangelien – wie im Grunde alle neutestamentlichen
Schriften – und sehr wahrscheinlich auch die Lehren Jesu
selbst. In der Analyse des Textkorpus Q war bereits
davon die Rede, daß Jesus in Erwiderung auf eine Frage
Johannes des Täufers zu seiner Herkunft und seinen
Absichten eine Antwort formuliert, die sich mosaikartig
aus Zitaten der Propheten Israels zusammensetzt. All

diese Zitate deuten darauf hin, daß er selbst sich als Über-
mittler göttlicher Gnade an die Entrechteten, die Bedürftigen und an jene betrachtet, die aus kultischen Gründen
von der Teilhabe am Gottesbund ausgeschlossen sind
(Lk. 7,22). Sowohl Jesus selbst als auch Lukas liegt daran,
die Gesinnung wie das Wirken Jesu mit der Heiligen
Schrift in Einklang zu bringen.

Das Lukasevangelium eröffnet in seiner Darstellung der
Ereignisse im Zusammenhang mit der Geburt Jesu dieses
Thema. Der Bericht über die Geburt Johannes des Täufers hebt die Parallelen zwischen der göttlichen Gnade,
die einem alten Ehepaar einen Sohn (Samuel) schenkt,
und dem Erscheinen des Johannes hervor (1. Sam. 1 – 3;
Lk. 1,5 – 25 und 57 – 80). So wie die bedeutendste Tat
Samuels darin besteht, David zum König zu salben
(1. Sam. 16), so werden die Taufe Jesu und die Gabe des
Geistes als Höhepunkt seiner Laufbahn beschrieben (Lk.
3,21 – 22). Der Geburt Jesu geht die Ausgießung des Heiligen Geistes voraus (Lk. 1,34). Damit erfüllen sich, wie
Jesus in Lk. 4,16 – 21 deutlich macht, prophetische Hoffnungen. In seiner Genealogie führt Lukas den Stamm-
baum Jesu auf Adam zurück (in dem Israel den Ursprung
der Menschheit sah), und nicht wie Matthäus auf Abraham, den Vater des jüdischen Volkes (Lk. 3,23 – 38; Mt.
1,2). Und Marias Worte angesichts der bevorstehenden
Geburt Jesu kündigen den Wandel an: Die Armen, die
Hungernden, die Erniedrigten werden von Gott erhöht
werden (Lk. 1,46 – 57). Der Segen, der dem Knaben Jesus
von Simeon zuteil wird, enthält die Voraussage, durch
dieses Kind habe Gott ein Licht gesandt, »zu erleuchten
die Heiden und zum Preis (seines) Volkes Israel« (Lk.
2,31 – 32).

Der Bezug zu den Hoffnungen Israels wird in allen diesen Erzählungen von Geburt und Kindheit Jesu deutlich: Sein Geburtsort ist Bethlehem, bekannt als Stadt Davids und daher symbolträchtige Stätte für den Beginn des Wirkens seines durch die Prophezeiung angekündigten Nachfolgers, des Messias (Lk. 2,1 – 4). Den religiösen Vorschriften folgend, kehrt die Heilige Familie zur Beschneidung Jesu (2,21 – 40) und zum Passahfest (2,41 – 52) nach Jerusalem zurück. Bei dieser Gelegenheit wird Jesus von seiner Familie getrennt, weil er »sein muß in dem, das (seines) Vaters ist« (2,49).

Die Zielrichtung des Wirkens Jesu wird im Lukasevangelium durch Johannes den Täufer vorgegeben, der erklärt, ethnische Zugehörigkeit zum Gottesvolk sei keine Garantie für Gottes Wohlgefallen (Lk. 3,7 – 9), und der verkündet, auch Zöllner und selbst heidnische Söldner hätten ein Recht auf die Teilhabe am neuen Gottesvolk (3,7 – 14). Das erste Auftreten Johannes des Täufers wird von Zitaten aus dem Alten Testament begleitet, die in dem Versprechen gipfeln: »Und alles Fleisch (die gesamte Menschheit) soll den Heiland Gottes sehen« (3,2 – 6). An dieser Stelle wie auch im gesamten Lukasevangelium und der Apostelgeschichte wird der Leser daran erinnert, daß die geschilderten Ereignisse vor dem Hintergrund heidnischer Geschichte und unter der Herrschaft heidnischer Potentaten zu sehen sind (Lk. 1,5; 2,1; 3,1; 23,6 – 7).

Ein Zitat aus Jes. 61 belegt im einzelnen, wie der Jesus des Lukasevangeliums die ihm von Gott übertragene Aufgabe versteht. Damit verkündet Jesus, er sei gekommen, den Armen die Frohe Botschaft zu predigen, den Gefangenen ihre Befreiung und Freiheit und den Blinden das Gesicht zu verkünden (Lk. 4,18 – 19). Dieses Zitat wird gefolgt von der schon früher erwähnten dezidierten Behauptung Jesu: »Heute ist diese Schrift erfüllt vor euren Ohren.« Im weiteren rechtfertigt er dann dieses Durchbrechen der Grenzen und den befreienden Charakter seines Wirkens durch den Hinweis auf das Vorbild der alttestamentlichen Propheten Elija und Elischa, deren Werke im Namen des Gottes Israel sich auch auf Nicht-Israeliten wie die Frau aus Sidon (1. Kön. 17,8 – 9) und den Aussätzigen aus Syrien (2. Kön. 5,14) erstrecken. In der Überlieferung Q, die Lukas hier übernimmt, wird diese programmatische Aussage in der Antwort Jesu auf die Fragen bestätigt, die Johannes der Täufer aus dem Gefängnis an ihn richtet. Darin manifestiert sich die besondere Verantwortung, die Jesus für jene empfindet, die nach der jüdischen Religion dem Gottesvolk nicht angehören können: die Blinden, die Lahmen, die Aussätzigen, die Tauben, die Toten (Lk. 7,22). In keinem anderen Evangelium findet sich die Geschichte von der Heilung der zehn Aussätzigen (17,11 – 19). Es sind diese entrechteten Minderheiten, die die Botschaft Jesu gläubig vernehmen – Menschen, denen der Zugang zu Gott durch die ethnischen und kultischen Barrieren verwehrt ist, die das fromme Judentum dieser Epoche für sie errichtet hat (s. a. die Untersuchung zur Überlieferung Q in Kap. 3).

Die Verwendung von Textmaterial aus dem Korpus Q und aus eigenen, nur hier benutzten Quellen, verstärken den Eindruck, Jesus habe bewußt Außenseiter in seine Mission einbezogen. Dafür spricht die Heilung des Knechtes eines römischen Hauptmanns (Lk. 7,1 – 10) ebenso wie die Auferweckung des Sohnes einer Witwe aus der Stadt Nain (wobei er seine rituelle Reinheit einbüßt, indem er die Bahre des toten jungen Mannes berührt, 7,11 – 17); sowie die Tatsache, daß er sich von einer »Sünderin« salben läßt. Die bedeutende Rolle der Frau in den Erzählungen des Lukasevangeliums hat in der heidnischen wie in der jüdischen Literatur dieser Epoche kaum ihresgleichen.[1] So erwähnt zum Beispiel nur Lukas die Frauen, die gemeinsam die finanzielle Unterstützung Jesu und seiner Jünger übernehmen (8,1 – 3). Nur in seinem Evangelium wird von der Verbindung Jesu mit Maria und Martha berichtet (10,38 – 42). Weitere Beispiele für die Einbeziehung der Frau in die Bewegung um Jesus sind die Erzählungen, die von ihrer Gegenwart bei der Kreuzigung (23,27 – 31) und am leeren Grab zeugen – eine Szene, die den Text des Markusevangeliums aufnimmt und ergänzt (Lk. 24,1 – 11). In der Apostelgeschichte wird dieses Thema dann durch die Erzählungen über die unterschiedlichen Funktionen der Frau in den frühen Christengemeinden vertieft.

Mit dem Bild Jesu, der sich besonders der Armen annimmt, stimmt die Anklage gegen die Reichen überein, die ihm das Lukasevangelium zuschreibt. Die Armen und Hungernden, die von Jesus für selig erklärt werden (6,20 – 49), sind nicht wie Mt. 5,3 – 6 lediglich die geistlich Armen, sondern die im existentiellen Sinne Bedürftigen gemeint. Hinzu tritt die Schilderung der Leiden der Reichen und Selbstzufriedenen (Lk. 6,24 – 26). An anderer Stelle findet sich die Warnung an den reichen Mann, dem sein Besitz alles ist (12,13 – 21), und die bekannte

---

1 So wurde z. B. in einem Dekret des römischen Senats aus dem 2. Jh. v. Chr. der von Frauen ausgeübte Kult des Bacchus (der dem Gott des Weines geweiht war) für anstößig und ungesetzlich erklärt.

Gegenüberstellung der Schicksale des reichen Mannes und des verarmten Lazarus (16,19 – 31).

Die Integrationsbemühungen Jesu werden auch in anderen Erzählungen des Lukasevangeliums deutlich: in dem Bericht über sein Erbarmen mit den Samaritern (9,51 – 56); in der lebhaften Schilderung des Samariters, der großmütig einem Menschen in Not hilft (10,29 – 37); in der Geschichte vom reuigen Zöllner (18,9 – 14) und in der Erzählung von der bereitwilligen Aufnahme, die Jesus dem Zöllner Zachäus gewährt, und seiner anschließenden Einkehr in dessen Hause zu Jericho (19,1 – 10). Lukas ergänzt den Bericht über die Aussendung der Zwölf und ihren Auftrag zu heilen und zu predigen (der in Mt. 10,6 auf Israel beschränkt ist) durch eine Darstellung der Aussendung und Wiederkehr von siebzig Jüngern (Lk. 10,1 – 20). Das Auffällige an diesem Text ist die Zahl Siebzig, die nach dem zeitgenössischen jüdischen Glauben für die Völker der Welt stand. Damit antizipiert diese zweite Aussendung von Jüngern die durch die Ausgießung des Heiligen Geistes zu Pfingsten autorisierte Missionierung aller Völker, die der Autor in Apg. 1 – 2 beschreibt.

Von gleicher Bedeutung ist das Gottesbild des Lukasevangeliums, dem zufolge Gott den Außenseitern besondere Aufmerksamkeit widmet. Dies wird in drei Gleichnissen deutlich, die nur bei Lukas zu finden sind (alle Lk. 15): (1) von der Freude des Schäfers, der ein verlorenes Schaf wiederfindet; (2) von der Freude der Hausfrau über einen wiedergefundenen Groschen und (3) von der Freude des Vaters über die Wiederkehr des verlorenen Sohnes – dem Gleichnis, in dem diese Verbildlichung göttlichen Wesens gipfelt. Diesem Abschnitt geht ein (bereits zuvor erwähntes) Gleichnis aus dem Textmaterial Q voraus, das die Einladung zur Teilhabe am Königreich Gottes mit einer Einladung zu einem Bankett vergleicht, die von den geladenen Gästen verschmäht, jedoch von eben jenem Personenkreis angenommen wird, den das Lukasevangelium als Gegenstand der besonderen Fürsorge Jesu und Objekt göttlicher Anteilnahme schildert: den Armen, den Krüppeln, den Blinden und den Lahmen (14,15 – 24).

Bei einem Vergleich des Lukastextes mit den übrigen Evangelien ergeben sich jedoch auch signifikante Auslassungen und Kürzungen. Die Auseinandersetzungen Jesu mit den Pharisäern, die im Matthäusevangelium eine so bedeutende Rolle spielen, und die Voraussagen über die bevorstehende Zerstörung des Tempels und das Ende des gegenwärtigen Zeitalters werden hier ein wenig bagatellisiert, da das Hauptinteresse des Verfassers darauf gerichtet ist, zu zeigen, daß dem Gottesvolk sowohl Juden wie Heiden zugehören können. Der Text enthält eine eigene Version des Letzten Abendmahls, die das Schwergewicht auf die Zusammensetzung des neuen Gottesvolkes legt, das durch Jesus geschaffen wird (22,15 – 20 und 27 – 30). Und die Erzählungen über die Erscheinung Jesu nach der Auferstehung gehen über das hinaus, was im Markusevangelium lediglich verheißen wird. Sie scheinen eindeutig die Praxis der frühen Kirche einschließlich des Studiums und der Auslegung des Alten Testaments sowie der Abendmahlsfeier widerzuspiegeln (24,32 und 35). Nur das Lukasevangelium berichtet von Jesus, er habe den Jüngern alle Schriften (die Gebote, die Propheten und andere Texte) ausgelegt, »die von ihm gesagt waren« (24,27). Und nur Lukas sagt von Jesus, er

sei von ihnen (der versammelten Gemeinde) erkannt
worden »an dem, da er das Brot brach« (24,35). Ebenfalls
nur im Lukastext finden sich »die Verheißung meines
Vaters« (daß der Geist sich über sein Volk ergießen
werde) und der Bericht von der Himmelfahrt Jesu –
Ereignisse, auf die der Autor nur kurz (24,49–53) verweist, die er aber in größerer Ausführlichkeit in den
Anfangskapiteln der Apostelgeschichte schildert.
In der entscheidenden Frage nach dem historischen Wissen über Jesus läßt sich unmöglich mit Sicherheit sagen,
wieviel des ausschließlich im Lukasevangelium gebotenen
Materials auf Jesus zurückgeht. Doch die Betonung, die in
diesem Werk auf der Hinwendung Jesu zu den »Rand-
gruppen« seiner Tage liegt, fügt sich sehr wohl zu den Themen, die in den ältesten Quellen zutage treten. Wie jedes
Geschichtswerk, gleich welcher Epoche, spiegelt das
Lukasevangelium die Interessen und Belange wider, die
sich aus der historischen Situation seines Verfassers ergeben. Doch scheint es zudem mit einiger Genauigkeit
das Hauptanliegen Jesu abzubilden, das zugleich Hauptursache für den Widerstand der religiösen Autoritäten
seiner Zeit war: die Neubestimmung des Bundes mit
Gott auf der Grundlage von Toleranz und Offenheit.

Das Matthäusevangelium – Jesus als Gründer des wahren Israel

Das Matthäusevangelium entstand in der zweiten Hälfte
des 1. Jahrhunderts, zu einer Zeit, da die Pharisäer mit
offensichtlicher Billigung durch die römischen Machthaber in Palästina an der Formulierung der Richtlinien für

das rabbinische Judentum arbeiteten. Der Tempel und seine Priesterschaft bestanden nicht mehr; religiöse Sekten wie die Essener waren verschwunden; und auch der jüdische Nationalismus schwieg (zumindest vorübergehend). Dieser jüdischen Führungsgruppe ging es in der Hauptsache darum, den Kanon der Heiligen Schriften festzulegen; ein Regelwerk für deren Auslegung zu erarbeiten, mit dem zugleich ihre aktuelle Bedeutung aufgezeigt werden konnte; und kultische Maßstäbe zu setzen, durch deren Erfüllung sich ihre Anhänger als getreues Gottesvolk ausweisen sollten. Eine der Gruppen, gegen die sie sich abgrenzen mußten, war die frühe Kirche. In den Schriften, die von der historischen Entwicklung dieser Epoche beeinflußt zu sein scheinen (s. Kap. 4: »Die wachsende Feindschaft gegenüber Jesus«), finden sich Verleumdungen Jesu und seiner Anhänger. Die bedauerliche, wenn auch menschlich durchaus verständliche Reaktion des Christentums läßt sich deutlich an der Darstellung der Lebensgeschichte Jesu ablesen, die Matthäus überliefert.

Die im Matthäusevangelium vorherrschende streitbare Atmosphäre und selbst die Strukturierung des Textmaterials spiegeln diese feindselige, von Konkurrenzkämpfen geprägte Stimmung wider. Sie bildet den Hintergrund für einen Bericht, in dem Jesu Definition der neuen Gemeinschaft des Bundes gegenüber jener der Juden im Vordergrund steht. Wenn wir davon ausgehen, daß der Verfasser selbst seinem Evangelium die Erzählungen von der Geburt Jesu (Mt. 1 – 2) als Einleitung vorangestellt hat, und daß er seine Fassung der Berichte über Kreuzigung, Grablegung und Auferstehung als Schluß seines Werkes (Mt. 26 – 28) konzipiert hat, dann ergibt sich der Eindruck, daß er seine Darstellung der Worte und Taten Jesu in fünf Abschnitte unterteilen wollte. Jeder dieser Abschnitte enthält eine Reihe bedeutender Herrenworte und endet mit einer Variante der Wendung »da Jesus diese Rede vollendet hatte . . .« (Mt. 7,28 – 29; 11,1; 13,53; 19,1; 26,1). Im ersten Abschnitt findet sich die Bergpredigt; der zweite gibt die Anweisungen Jesu an seine Jünger bei Beginn ihrer Missionsreise wieder; der dritte bietet eine erweiterte Fassung der Gleichnisse Jesu; der vierte enthält Ratschläge Jesu an die Jünger, wie Streitigkeiten innerhalb der Gemeinde beizulegen seien; im fünften präsentiert der Autor die Prophezeiungen Jesu über das bevorstehende Weltende in einer erheblich ausgestalteten Version. Es hat den Anschein, als solle durch diese Einteilung ein Vergleich mit den fünf Büchern Mose nahegelegt werden. Dieser Eindruck wird durch die Tatsache bestätigt, daß die erste dieser Reden Jesu – die sogenannte Bergpredigt – Jesus (wie Mose auf dem Sinai) auf einem Berg darstellt, wie er dem Volk des Bundes Weisungen eigener Art erteilt und dabei wiederholt auf den Gegensatz zwischen seinem Verständnis des göttlichen Willens und der Auffassung Mose hinweist (Mt. 5,17 – 48): »Ihr habt gehört, daß zu den Alten gesagt ist . . . Ich aber sage euch«.

Wenn diese Hypothese über den strukturellen Aufbau des Matthäusevangeliums korrekt ist, bestätigt sich die Theorie *Krister Stendahls*[2], wonach diese Schrift eine Orientierungshilfe für die Mitglieder der Gemeinde ihres Verfassers bieten sollte, in der seine Glaubensgenossen sowohl über die Ursprünge der Bewegung als auch über

2 In seinem Werk *School of St. Matthew* (Philadelphia: Fortress, 1968).

gültige Gesetzesvorschriften informiert wurden. Dennoch hat es den Anschein, als sei angesichts der heftigen Auseinandersetzung mit den Pharisäern die uns als Mt. 23 bekannte Strafpredigt Jesu erst im nachhinein in den Text eingefügt worden, wodurch die Symmetrie des fünfteiligen Buches erheblich gestört und zugleich der Konflikt mit dem Judentum verstärkt wird.

Die Annahme, daß das Matthäusevangelium als Aufklärungs- und Gesetzesschrift für die Mitglieder der Gemeinde seines Verfassers gedacht war, wird durch die Beobachtung bestätigt, daß Matthäus die (der Quelle Q entstammenden) Verheißungen Jesu, die den Armen und Hungernden die Erfüllung ihrer Bedürfnisse durch Gott in Aussicht stellen (Lk. 6,20 – 21), in zeitlos-unverbindliche Aussagen über die gegenwärtige religiöse Verfassung seiner Leser umgewandelt hat: »Selig sind, die da geistlich arm sind ... Selig sind, die da hungert und dürstet nach Gerechtigkeit« (Mt. 5,3 – 6). Nur in diesem Evangelium findet sich die Behauptung, Jesus sei die Erfüllung des Gesetzes und der Propheten; nur hier wird der Anspruch formuliert, nicht der kleinste Buchstabe vom Gesetz werde zergehen, bevor es nicht in allen Einzelheiten erfüllt worden sei; und nicht das kleinste Gebot dürfe aufgelöst werden von jenen, die danach strebten, ins Himmelreich zu kommen; die Anforderungen an die Tugend der Jünger müßten höher sein als an die der Pharisäer und Schriftgelehrten, wenn sich den Jüngern das Reich Gottes öffnen solle. Es scheint, als habe sich die historische Situation dahingehend verändert, daß die christliche Gemeinde angesichts des erstarkenden rabbinischen Judentums ganz von der Bestimmung des eigenen Standortes in Anspruch genommen ist. Beide Gruppen liegen miteinander im Wettstreit darüber, wer das geeignete und gottgewollte Instrumentarium für die Auslegung des Gesetzes in der gegebenen Situation besitze.

Immer wieder weist Matthäus in seinem Evangelium auf den untrennbaren Zusammenhang zwischen den durch das Gesetz und die Propheten überlieferten göttlichen Verheißungen und dem Wirken Gottes durch Jesus hin. Es wurde bereits erwähnt, daß die Genealogie Jesu im Matthäusevangelium ihren Anfang bei Abraham, dem Begründer des Bundes, und David, dem idealen König und Prototyp des Messias, nimmt. Die Begleitumstände der Geburt Jesu werden unter dem Aspekt der Schrifterfüllung gesehen – sowohl die jungfräuliche Geburt (Mt. 1,22 – 23; vgl. Jes. 7,14), als auch der Geburtsort Bethlehem (Mt. 2,4 – 6; vgl. Mich. 5,1). Die Flucht der Heiligen Familie nach Ägypten und ihre Wiederkehr wird als Entsprechung zur ägyptischen Gefangenschaft und Wiederkehr Israels gewertet (Mt. 2,15; vgl. Hos. 11,1). Der Kindermord des Herodes erscheint als Erfüllung der Prophezeiung Jeremias (Mt. 2,18; vgl. Jer. 31,15). Tatsächlich aber stimmt der Wortlaut dieser Schriften keineswegs genau mit der von Matthäus beschriebenen Situation überein. So spricht der hebräische Text Jes. 7,14 zwar von einer jungen Frau, jedoch nicht zwingend von einer Jungfrau (auch wenn die griechische Fassung das Wort *parthenos* ›Jungfrau‹ gebraucht), die einen Sohn empfangen und gebären soll. Doch legen sowohl die Qumran-Schriften, wie auch die Bücher der Propheten oder die hier bereits untersuchten Evangelien Zeugnis davon ab, daß der Wortlaut eines Textes seiner allgemein anerkannten Bedeutung keineswegs zu entsprechen brauchte. Das wird

besonders deutlich Mt. 2,23, wo es um den Ortsnamen
Nazareth geht, der im Alten Testament nirgends erwähnt
wird. Dafür aber stimmen die Konsonanten dieses Wortes mit denen im hebräischen Wort *netzer* überein, das
die Bedeutung ›Sproß, Schößling‹ trägt und Jes. 11,1 im
Zusammenhang mit dem Nachkommen Davids verwendet wird, der kommen und die Erneuerung des Gottesvolkes vollenden wird.

Zahlreiche Begebenheiten aus dem Leben Jesu deutet
Matthäus im Sinne einer Erfüllung der Schrift: so etwa
das Nebeneinander heidnischer und jüdischer Stätten, die
Jesus bei der Verkündigung seiner Botschaft aufsucht
(Mt. 4,15 – 16; vgl. Jes. 9,1 – 2) und das Unverständnis,
auf das diese stößt (Mt. 13,14 – 15; vgl. Jes. 6,9 – 10). Den
Einzug Jesu in Jerusalem schildert Matthäus mit geringen
Abweichungen im Detail, indem er Jesus zwei Reittiere
zuweist – offensichtlich deshalb, weil das visionäre Bild
des biblischen Textes in Sach. 9 zwei Tiere erwähnt (Mt.
21,1 – 9; vgl. Sach. 9,9). Selbst der Tod des Verräters Judas
wird in seinen Einzelheiten mit der Heiligen Schrift in
Übereinstimmung gesehen (Mt. 27,3 – 10), obwohl das
Zitat Elemente aus Jer. 32,6 – 15 und 18,2 – 3 vereinigt. Es
ist anzunehmen, daß dieser Anspruch auf Erfüllung der
Schrift auf spätere christliche Deutungen des Alten Testaments zurückzuführen ist, die unter dem Eindruck der
Ereignisse um Leben und Tod Jesu entstanden.

Einen besonderen Stellenwert nimmt im Matthäusevangelium die Forderung nach Erfüllung »aller Gerechtigkeit« ein – eine Formel, mit der Johannes die Vollmacht
erteilt wird, Jesus zu taufen (Mt. 3,15). In der Bergpredigt
wird deutlich gemacht, daß Christen ihre Pflichten
gegenüber Gott und ihren Mitmenschen gewissenhafter

zu erfüllen haben als die Pharisäer selbst. Alle drei
Schlüsselbegriffe rabbinischer Frömmigkeit – Almosen,
Gebet und Fasten – werden auch von Jesus zu Leitlinien
für das Verhalten seiner Anhänger erklärt (6,1 – 18).
Wenngleich die Erklärung Jesu, warum seine Jünger nicht
fasten, auch von Matthäus wiedergegeben wird (Mk.
2,18 – 20; vgl. Mt. 9,14 – 15), findet sich in 6,16 – 18 die
Empfehlung zum Fasten, vorausgesetzt, es diene nicht als
Vorwand für religiöse Heuchelei. Die Anleitungen zum
Gebet greifen auf das sogenannte Vaterunser aus der
Überlieferung Q zurück (Lk. 11,2 – 4), bieten es jedoch
in einer stilistisch vollendeteren, liturgisch-formalisierten
Fassung dar (6,9 – 13). Während Jesus im Markusevangelium die herrschende Scheidungs- und Wiederverheira-
tungspraxis strikt ablehnt, wird sie bei Matthäus an zwei
Textstellen dann gebilligt, wenn der Partner untreu ist
(Mt. 5,31; 19,9). Das legt den Schluß nahe, daß sich die
Gemeinde des Matthäus der Einstellung Jesu zu diesem
Thema nicht mehr uneingeschränkt anschließt. Auch
wenn die nur bei Matthäus zu findende Textpassage über
das Eunuchentum rätselhaft erscheint (19,10 – 12), läßt
sie dennoch vermuten, daß Jesus zumindest einigen seiner Anhänger nahelegte, sich sexueller Kontakte zu enthalten. In diesem Zusammenhang sollte nicht unerwähnt
bleiben, daß Paulus von den Aposteln berichtet, sie seien
auf ihren Reisen von ihren Frauen begleitet worden
(1. Kor. 9,5). Daraus geht hervor, daß das Zölibat trotz
dieses Jesuswortes aus dem Matthäusevangelium bei der
ersten Generation von Christen nicht üblich war.
Die Definition der Teilhabe am Gottesbund erfährt innerhalb des Matthäustextes eine grundlegende Veränderung. Anfangs wird das historische Volk Israel als

Empfänger der Botschaft Jesu und seiner Jünger beschrieben. Als Jesus die Zwölf aussendet, gebietet er
ihnen, ihre Tätigkeit auf die »verlorenen Schafe aus dem
Hause Israel« (Mt. 10,6) zu beschränken. Die Gleichnisse
in den letzten Kapiteln des Evangeliums – von denen
einige nur in diesem Text zu finden sind, andere in entscheidenden Punkten von den ursprünglicheren Versio-
nen im Markusevangelium oder dem Textkorpus Q
abweichen – deuten auf eine Haltung hin, der zufolge
Israel, das die Gelegenheit erhalten hat, die Botschaft zu
hören und sie dennoch mißachtet hat, letztendlich zu
jenen gehören wird, die nach jüdischem Glauben als
Außenseiter gelten. Das Gleichnis von den Arbeitern im
Weinberge (20,1 – 16) gibt die Vorbehalte der zuerst von
Gott Berufenen gegen die später Hinzugekommenen –
d. h. Heiden und Unreine – wieder. Der hier zutage tre-
tende Gegensatz wird auch im Gleichnis von den zwei
ungleichen Söhnen thematisiert (21,28 – 32), das mit der
Erklärung endet, »Zöllner und Huren mögen wohl eher
ins Himmelreich kommen« als die Frommen, die nicht
wie die ersteren bereit seien, Buße zu tun. Das Gleichnis
von den bösen Weingärtnern (21,33 – 46) enthält bei
Matthäus dieselbe Kernaussage wie im Markusevangelium. Die Arbeiter im Weinberg Gottes haben seine
Sendboten zurückgewiesen – eine Mißachtung, die in
ihrer Haltung gegenüber Jesus ihren Höhepunkt erreicht.
Matthäus fügt jedoch hinzu, der Herr des Weinberges
»wird die Bösewichte übel umbringen« und den Weinberg anderen geben. Es ist an dieser Stelle ausdrücklich
davon die Rede, das Königreich Gottes werde von den
jüdischen Autoritäten genommen und »einem Volke
gegeben werden, das seine Früchte bringt«. Und für jene

Leser, die noch immer nicht verstanden haben, was
gemeint ist, setzt Matthäus hinzu: »Und da die Hohenpriester und Pharisäer seine Gleichnisse hörten, verstanden sie, daß er von ihnen redete« (21,45).
Auch das Gleichnis von der königlichen Hochzeit (Mt.
22,1 – 14) weicht in entscheidenden Punkten von der
Überlieferung Q ab: Bei Matthäus ist der Gastgeber ein
König; das Gastmahl wird zum Hochzeitsfest – zum
jüdischen Symbol für die Erfüllung des göttlichen Willens an seinem Volke; die Ablehnung der Einladung hat
die Aussendung der königlichen Heere und die Zerstörung der Stadt der Geladenen zur Folge (eine unmißver-
ständliche Anspielung auf die Zerstörung Jerusalems
durch die Römer); und der Hochzeitsgast, der »kein
hochzeitlich Kleid« anhat, ist offensichtlich ein Mensch,
der ohne das Gewand der Gerechtigkeit, d. h. der Gesetzestreue, ins Reich Gottes gelangt.
Zwei Gleichnisse handeln von der mangelhaften Vorbereitung Israels auf das Erscheinen des göttlichen Sendboten, der die Menschheit zur Rechenschaft ziehen wird:
das Gleichnis von den zehn Jungfrauen (Mt. 25,1 – 13)
und jenes von den anvertrauten Zentnern (25,14 – 30), in
dem es um die Verantwortung der Knechte des Herrn
geht. Beide gehen von einer Verzögerung des Jüngsten
Gerichtes aus, jenes Tages, an dem Gott sein Volk zur
Rechenschaft ziehen wird; und beide nehmen die sich
daraus ergebenden unterschiedlichen Reaktionen und
Pflichtverletzungen jener vorweg, die den Anspruch
erheben, das Volk Gottes zu sein. Zwei andere Gleichnisse betonen die Bedeutung der Ausdauer und des Fest-
haltens an der Rechtschaffenheit: das Gleichnis vom
Unkraut unter dem Weizen (13,24 – 30) und jenes vom

Netz, in dem sich guter und schlechter Fisch fängt
(13,47 – 50) – beide sind nur bei Matthäus zu finden. In
den Erklärungen zu diesen Gleichnissen kommt zum
Ausdruck, daß die Gemeinde neben würdigen auch
unwürdige Mitglieder unter ihrem Dach vereint – die
Gerechten und die Bösen. Dies deutet darauf hin, daß
sich die Kirche als eine in ihrem Bestehen gesicherte Institution in einer Situation befindet, da sie auch solche Mitglieder zu ihrer Gemeinde zählt, deren Interesse und
deren Bindungen bereits schwächer geworden sind oder
die sich gänzlich von ihrem Glauben gelöst haben.
Von allen vier Evangelisten bezeichnet nur Matthäus die
Kirche mit dem Terminus *ekklesia*. In seinem Bericht
über das Bekenntnis des Petrus zu Jesus als Messias (den
Matthäus im Gegensatz zu Markus wesentlich formaler
gestaltet – vgl. Mt. 16,16 mit Mk. 8,29) antwortet Jesus,
Gott werde eine Kirche errichten und diese Kirche werde
selbst der Hölle trotzen (Mt. 16,17 – 18). Protestanten
sehen in dem »Felsen«, auf dem diese Kirche gebaut ist,
den Glauben des Petrus symbolisiert, während die
Katholiken Petrus als das apostolische Fundament der
Kirche betrachten. Eindeutig aber ist die Aussage des
Matthäus, wonach Petrus und seinen Gefährten die Ent-
scheidungsbefugnis darüber übertragen wird, wer der
Gemeinde zugehören und wer ausgeschlossen werden
soll (16,19). Diesen Entscheidungen ist die Zustimmung
Gottes gewiß. Mt. 18,15 – 20 schreibt vor, in welcher
Weise Streitigkeiten innerhalb der Kirche beigelegt wer-
den sollen – auch in diesem Zusammenhang wird die
Zustimmung Gottes in Aussicht gestellt. Es kann kein
Zweifel darüber bestehen, daß Matthäus der Ansicht ist,
Jesus habe die Schaffung eines institutionellen Rahmens

legitimiert, mit dessen Hilfe die Mitgliedschaft in der Gemeinde reguliert und Konflikte unter den Mitgliedern gelöst werden sollen. Gemeint ist dabei keineswegs eine voll entwickelte kirchliche Hierarchie, da die Hauptverantwortung nach wie vor auf den Anhängern Jesu in ihrer apostolischen Funktion ruht.

Im gesamten Matthäusevangelium finden sich immer wieder Passagen, die bei keinem der anderen Evangelisten auftauchen. Sie beschreiben verschiedene Aufgaben, die innerhalb der Kirche zu erfüllen sind. Neben den Jüngern werden noch andere Repräsentanten Jesu erwähnt, die seine Botschaft der Welt verkünden: Propheten, Weise und Schriftgelehrte (Mt. 23,34). Im Gleichnis vom Jüngsten Gericht (25,31 – 46) zählt zu den Stellvertretern Jesu bei der Vorbereitung der nahen Gottesherrschaft auch eine Gruppe, die ganz einfach als »meine geringsten Brüder« bezeichnet werden. Das Schicksal der Zuhörer und Schüler dieser »geringsten Brüder« im Neuen Zeitalter soll sich an ihrem Verhalten jenen gegenüber entscheiden. In Mt. 13,51 findet sich ein zusätzlicher Hinweis auf die Rolle, die der »zum Himmelreich« gelehrte »Schriftgelehrte« in der Gemeinde des Matthäus spielt (13,52). Zu diesem Zeitpunkt griffen innerhalb des Judentums die Vertreter jener Gruppe nach der Macht, die sich der Auslegung des Gesetzes verschrieben hatten und daher als »Männer des Buches« – hebräisch *sopherim* von *sepher* ›Buch‹ oder ›Das Buch‹ – galten. Die Christen, so sagt Matthäus, erfüllen innerhalb der Kirche eine Aufgabe, die der dieser jüdischen Würdenträger entspricht: Sie sollen das Gesetz und die Propheten nach christlichem Verständnis im Sinne der Lehren Jesu deuten, so wie sie in ihrer Gemeinde überliefert sind.

Dieser Wettstreit zwischen dem sich entfaltenden rabbinischen Judentum und der institutionalisierten Form der
Kirche förderte unausweichlich die beiderseitige Feindschaft. Daher werden die Christen sowohl vor den möglichen Verfolgungen durch die jüdischen Autoritäten
(Mt. 10,17) als auch vor einer eventuellen Anklage durch
die weltlichen Machthaber gewarnt (10,18). Die feindselige Haltung der jüdischen Autoritäten wird bei Matthäus besonders in seinem Bericht über das Verhör und
die Hinrichtung Jesu außerordentlich stark betont: So
stacheln diese das Volk gegen Jesus auf (27,20) und beste-
chen die Kriegsknechte, damit sie berichten, die Jünger
hätten die Leiche Jesu gestohlen (28,11 – 15). Das endgültige Schicksal eines jeden Menschen hängt nach Matthäus
von seinem Verhalten gegenüber den »geringsten Brüdern« ab, jenen Sendboten und Mittlern Jesu, welche die
Völker der Welt zur Buße aufrufen und ihnen zum Verständnis des göttlichen Weltenplanes verhelfen sollen
(25,31 – 46). Diese »geringsten Brüder« und ihre Botschaft zu empfangen bedeutet ewigen Lohn – sie zu verwerfen immerwährende Strafe.
Die Jünger erhalten vom auferstandenen Jesus den Auftrag, in alle Welt zu gehen, alle Völker zu Jüngern zu
machen und die Taufhandlung nach der Trinitäts-Formel
zu vollziehen. Ermächtigt werden die Jünger durch die
ihnen von Jesus übertragene Autorität. Es kann nicht
überraschen, daß das Evangelium des Matthäus im
Schriftenkanon der frühen Kirche eine führende Stellung
einnahm, da es sehr eindrucksvoll die Wende der christlichen Bewegung von einer ersten Phase der tiefen Hoffnung auf eine möglichst weite und schnelle Verbreitung
(wie in Q und dem Markusevangelium) hin zu einem

späteren Stadium widerspiegelt, in dem es galt, Richtlinien für die innere Ordnung und für die Beziehungen nach außen festzulegen.

Das Johannesevangelium – Jesus als Vertreter eines neuen symbolischen Reiches

Das Evangelium des Johannes unterscheidet sich von den übrigen Evangelien sowohl in seiner Struktur als auch in seinen stilistischen Mitteln und im erzählerischen Detail. Dies zeigt sich bereits an den ersten Versen des Prologs (Joh. 1,1–18). Mit denselben Worten beginnend wie das 1. Buch Mose (»Am Anfang …«) beschreibt der Verfasser das Wort als das Werkzeug, dessen sich Gott bei der Erschaffung der Welt bediente, und das nun menschliche Gestalt angenommen hat (»Und das Wort ward Fleisch«, 1,14), um auf Erden zu leben und die Menschen am Licht der Erkenntnis Gottes teilhaben zu lassen (1,9–12). Dem Wort als der Offenbarung Gottes wird das durch Mose gegebene Gesetz gegenübergestellt. Erst Jesus verkündet die Gnade und Wahrheit Gottes (1,17–18). Johannes stützt sich auf die jüdische Anschauung der Weisheit als Werkzeug Gottes bei der Schöpfung und Erhaltung der Welt. Grundlegend neu ist jedoch die Auffassung, Jesus sei die Weisheit und der Wille Gottes in einer rein menschlichen Gestalt. Die Tatsache, daß Johannes nicht das Wort *sophia* (den üblichen Ausdruck für ›Weisheit‹), sondern die Bezeichnung *logos* verwendet, beweist, daß er darüber hinaus bestrebt ist, die Gestalt Jesu mit der hellenistischen Vorstellung eines der Schöpfung und der

Menschheitsgeschichte zugrunde liegenden göttlichen
Prinzips in Verbindung zu bringen.

Über die Umstände der Geburt Jesu erwähnt Johannes
lediglich, er sei »Josephs Sohn von Nazareth« (Joh.
1,45). Später wird von seiner Mutter Maria berichtet,
sie sei bei der Hochzeit von Kana zugegen. Als sie ihn
bei dieser Gelegenheit bittet, den Gastgebern zu helfen,
denen der Wein ausgegangen ist, weist er sie mit der
sonderbaren Bemerkung zurück: »Weib, was habe ich
mit dir zu schaffen?« (2,1 – 4.) Das Wunder, das Jesus
dann jedoch vollbringt (als er Wasser in Wein verwandelt), ist nicht nur für Jesus und seine Mutter, sondern
auch für die Gemeinde als Ganzes, den Adressaten des
Evangeliums, von außerordentlicher Bedeutung. Die
vielfältige Bedeutung dieser Textstelle ergibt sich aus
dem Symbol der Hochzeit, das im Alten Testament die
Beziehungen zwischen Gott und seinem Volk beschreibt – so wie in Hos. 1 – 3, jener Erzählung, in der
Israel als das ungetreue Weib Jahwes erscheint. Das
gleiche Bild von Israel als der widerspenstigen Braut
findet sich auch immer wieder im Buch Jeremia. Das
Hohelied Salomos hingegen wurde in der jüdischen Tradition als die Erfüllung des Bundes zwischen Gott und
seinem Volk gedeutet. Dieser freudevolle Aspekt des
Hochzeitssymboles liegt dem 2. Kapitel des Johannesevangeliums zugrunde, in dem die Hochzeit die Vollendung des göttlichen Willens an seinem Volk symbolisiert.
Zugleich weisen Wasser und Wein in ihrer symbolischen
Bedeutung auf die zwei bedeutendsten Sakramente der
Kirche hin: das Wasser, das bei der Taufe der Reinigung
dient, und den Wein, durch dessen Genuß der Neue
Bund geschlossen wird.

Das hier vollbrachte Wunder Jesu wird von Johannes als »das erste Zeichen« beschrieben, durch welches er »seine Herrlichkeit« offenbart habe (Joh. 2,11). Am Schluß des vorletzten Kapitels (20,30 – 31) betont der Verfasser, diese Zeichen seien geschehen und von ihm beschrieben worden, damit die Jünger Jesu und die Leser des Johannes daran glaubten, daß Jesus tatsächlich Christus sei, und durch diesen Glauben in seinem Namen das Leben erlangten. Die Wunder werden also nicht den Außenstehenden überzeugen, sondern sollen vielmehr den Gläubigen vermitteln, wer Jesus ist, und was Gott durch ihn vollbringt.

Die »Zeichen«, von denen Johannes berichtet, sind die Wundertaten Jesu: die Heilung des Sohnes eines königlichen Beamten (Joh. 4,46 – 54); die Heilung des Kranken am Teich Bethesda (5,2 – 14); die Speisung der Fünftausend und Jesu Gang über das Meer (6,1 – 21); die Heilung des Blindgeborenen (9,1 – 12); und die Auferweckung des Lazarus (11,1 – 44). Verschiedene Interpreten dieses Evangeliums rechnen auch die folgenden Erzählungen zu den Zeichen: die Begegnung mit Nikodemus, einem Mitglied des Hohen Rates (3,1 – 15); das Gespräch mit der Frau aus Samaria (4,1 – 42); und die öffentlichen und privaten Äußerungen Jesu (Joh. 7 – 8).

Der andere Überlieferungsstrang, der im Johannesevangelium erkennbar hervortritt, umfaßt Texte, in denen Jesus sich selbst mit den Worten »Ich bin« zu erkennen gibt. Dies ist die Formel, mit der die Übersetzer der hebräischen Bibel den geheiligten Namen Gottes, Jahwe, ins Griechische übertrugen. So wird in 2. Mose 3 Moses von Gott beauftragt, sein Volk aus Ägypten zu führen und es zum Bund mit Jahwe aufzurufen. Von Moses

befragt, weist Gott diesen an, den Israeliten zu erklären:
»Der ›Ich bin‹ hat mich zu euch gesandt« (2. Mose 3,14).
Im Johannesevangelium erscheint diese Formel jeweils
im Zusammenhang mit einer spezifischen Funktion Jesu:

Ich bin das Brot des Lebens (6,35)
Ich bin das Licht der Welt (8,12)
Ehe denn Abraham ward, bin ich (8,58)
Ich bin die Tür zu den Schafen (10,7)
Ich bin der gute Hirte (10,12)
Ich bin die Auferstehung und das Leben (11,25)
Ich bin der Weg und die Wahrheit und das Leben (14,6)
Ich bin der Weinstock, ihr seid die Reben (15,5)
Ich bin's (18,5)

Das letzte Beispiel für die Formel »Ich bin« fällt deshalb
besonders auf, weil es sich hier um eine Erwiderung auf
die Aussage der Häscher Jesu handelt, sie seien auf der
Suche nach Jesus von Nazareth. In dem darauf folgenden
Verhör können die Vertreter der Macht Jesus jedoch nicht
dazu bewegen, seine Identität preiszugeben (Joh. 18).
Beim Leser wird das Wissen darüber vorausgesetzt, daß
dieser Jesus von Nazareth und der »Ich bin«, der Gott
des Bundes, eins sind.
Die Doppeldeutigkeit dieser Antwort ist bezeichnend
für den Stil dieses Evangeliums, das den Äußerungen Jesu
häufig zwei Bedeutungsebenen zuschreibt: eine konkrete
und eine symbolische. Wenn Jesus z. B. dem Nikodemus
erklärt, des Menschen Sohn müsse erhöht werden wie
Mose in der Wüste eine Schlange erhöht (aufgerichtet)
habe, so bedeutet dies nicht nur, daß Jesus am Kreuz aufgerichtet wird, um für die Sünden der Menschheit zu

büßen, wie die Schlange für die sündigen Israeliten in
4. Mose 21,8 – 9 (Joh. 3,14 – 15). Er wird darüber hinaus
auch in der Auferstehung erhöht werden und all jene mit
sich nehmen, die an ihn glauben, damit sie am ewigen
Leben teilhaben.

Die »Ich bin«-Worte haben innerhalb des Johannesevangeliums dieselbe Bedeutung wie die Darstellung der
Worte und Taten Jesu in den anderen Evangelien: Jesus
ist Mittler zwischen Gott und seinem Volk; und die
Funktionen, die er ausübt, sind Metaphern für die neue
Beziehung Gottes zur künftigen Gemeinschaft des Bundes. Als das Brot des Lebens erhält und befähigt Jesus
das Gottesvolk zum Leben. Mit Jesus verbreitet sich das
Licht der Erkenntnis Gottes über die ganze Welt, auch
wenn nicht jeder zum Glauben bekehrt wird. Der Weltenplan, den Gott mit Jesu Hilfe verwirklichen will, ist
älter und bedeutender als selbst der Bund mit Abraham.
Jesus, die Tür, verschafft dem Gottesvolk Zugang zu
Gott. Zugleich nährt und schützt er es als Schäfer der
Herde Gottes. Er verkörpert die Erneuerung des Lebens,
den Weg zu Gott und die Wahrheit über Gott. Als leben-
des Bindeglied zwischen Gott und seinem Volk setzt er
die Gläubigen instand, ein geistig und moralisch frucht-
bares Leben zu führen. Kurzum, er ist die Inkarnation
des Gottes mit Namen »Ich bin«. Trotz dieser äußerst
symbolhaltigen Erzählweise enthält das Johannesevangelium durchaus einige Details zur Lebensgeschichte
Jesu, die in den übrigen Evangelien nur geringen Raum
einnehmen oder gänzlich übergangen werden, die aber
dennoch von historischer Bedeutung sein könnten. Dazu
gehört die Andeutung, Jesus sei eine Zeitlang Anhänger
Johannes des Täufers gewesen und habe dann – selbst die

Taufe vollziehend – in einem Konkurrenzverhältnis zu Johannes gestanden (Joh. 1 und 3,22 – 4,1). Auch über den genauen Zeitpunkt des Letzten Abendmahls Jesu mit seinen Jüngern gibt das Johannesevangelium genaueren Aufschluß. Die übrigen Evangelien gehen davon aus, daß es sich um ein Passahmahl gehandelt habe. Da sich das Datum dieses Festes nach den Mondphasen richtete, konnte es auf jeden Tag des Jahres fallen. Johannes stellt jedoch fest, das letzte Mahl Jesu habe am Abend vor dem Passahfest stattgefunden, das dann mit dem Sonnenuntergang am Freitag, dem Beginn des Sabbats begonnen haben muß. Folgt man den Angaben des Johannesevangeliums, so stimmt die symbolische Bedeutung mit der historischen Aussage überein: Als in Vorbereitung auf das für Israel geschichtlich so bedeutsame Fest die Passahlämmer geschlachtet werden, bringt man Jesus, das Lamm Gottes (1,29), vor den Toren der Stadt »für die Sünden der Welt« ums Leben.

Jeder historische Bericht fügt seiner Darstellung des Geschehenen auch eine Deutung hinzu. Johannes legt jedoch eindeutig das Schwergewicht auf die Interpretation. An mehreren Stellen, wie z. B. im Gespräch Jesu mit Nikodemus schenkt er dem Fortgang der Geschichte keinerlei Aufmerksamkeit mehr, sobald er die entscheidenden Argumente vorgebracht hat. Andernorts geht der Bericht über die Worte und Taten Jesu in eine ausführliche Deutung über, so wie in der Gegenüberstellung des alten Gottesvolkes Israel mit dem Volk des neuen, von Jesus ins Leben gerufenen Bundes (Joh. 6). In ähnlicher Weise entwickelt sich das Streitgespräch Jesu mit seinen Kritikern (Joh. 8) zu einer wortreichen Auflistung der Unterschiede zwischen Abraham, dem Gründer des alten

Gottesvolkes und Jesus, der im Begriff ist, das Volk des
Neuen Bundes um sich zu versammeln.
Die symbolische Darstellung des neuen Gottesvolkes
nimmt die Einbeziehung der Heiden vorweg – der Autor
nennt sie »Griechen« (Joh. 12,20) oder »andere Schafe,
die sind nicht aus diesem Stalle« (10,16). Das Wirken Jesu
steht im Gegensatz zu den traditionellen Feierlichkeiten,
mit denen Israel seiner Wurzeln und seiner Errettung
durch Gott gedenkt: dem Passahfest (der Befreiung aus
der ägyptischen Gefangenschaft gewidmet, 12,1); dem
Laubhüttenfest (zum Dank an Gott, der sein Volk durch
die Wüste ins Gelobte Land geführt hat, 7,2); und dem
Fest der Tempelweihe (zum Gedenken an die Wiedereinweihung des Tempels unter der Herrschaft der Makkabäer in einer Zeit neuerlangter nationaler Unabhängigkeit, 10,22). Die Darstellungen dieser kultischen Feste
sind jeweils Anlaß, Jesus in der Rolle dessen zu zeigen,
der die Grenzen der historischen Erfahrung Israels unter
seinen Machthabern durchbricht und ein Volk des Neuen
Bundes gründet, das keine ethnischen, kultischen oder
historischen Vorbedingungen für eine Zugehörigkeit
stellt.
Die neue Gemeinschaft erscheint als ein organisches
Gebilde und wird mit Bildern wie dem von der Herde
Gottes (Joh. 10) oder vom Weinstock und seinen Reben
(Joh. 15) beschrieben. Beide Symbole finden sich auch im
Alten Testament. Johannes legt jedoch besonderes Gewicht auf das Leben, an dem das Volk und sein Führer
gemeinsam teilhaben. Ermöglicht wird dieses Leben
durch den Geist, den Gott auf sein Volk ausgießen wird,
wenn er Jesus zu sich erhöht haben wird. Der Geist wird
Mittler göttlichen Rates und göttlicher Kraft für die neue

Gemeinschaft sein. Herrschafts- und Machtstrukturen sind, so will es Joh. 13 verstanden wissen, in dieser Gruppe von untergeordneter Bedeutung. Ihre Mitglieder sind durch Liebe und gegenseitige Anteilnahme verbunden, die selbst das Opfer des eigenen Lebens für andere einschließt. Dem Bild, welches das Matthäusevangelium von den Jüngern entwirft, kommt Johannes am nächsten dort, wo es um die Vergebung der Sünden geht. Die einzelnen Mitglieder werden weder nach Funktionen noch nach Kriterien des Ranges innerhalb einer Hierarchie voneinander unterschieden. Sie werden lediglich dazu aufgefordert, einander zu lieben (13,34). Im Epilog (Joh. 21) befiehlt ihnen Jesus, seine Herde zu weiden, was wohl so viel heißt wie unterweisen. Die einzige Vorbedingung für eine Zugehörigkeit zu dieser Gemeinschaft ist der Glaube an Jesus als an das Licht der Erkenntnis Gottes und die Überzeugung, daß sich in Tod und Auferstehung Jesu Gottes Liebe zur Welt äußert (3,16).

Die drei in diesem Kapitel behandelten Evangelien sind in zweierlei Hinsicht für die Frage nach dem Wissen über Jesus von Bedeutung. Zum einen bestätigen sie die Grundzüge der ältesten Überlieferungen, die sich mit den anderen neutestamentlichen Schriften decken, und in denen Jesus als Begründer des Neuen Gottesvolkes erscheint, als Verkörperung der göttlichen Macht über das Böse und die Sünde des Menschen, dessen Tod als das Siegel des Neuen Bundes betrachtet wird. Zum zweiten geben die zahlreichen Unterschiede, die sich im Vergleich dieser Werke sowohl in bezug auf den Inhalt, als auch auf die Gewichtung des Stoffes ergeben, zu bedenken, wie verschiedenartig ihre Entstehungsbedingungen waren und wie sehr die Interessen und Ziele ihrer Autoren voneinander abwichen. An den Evangelien läßt sich nicht nur der Weg der Jesusüberlieferung ablesen. Sie legen darüber hinaus auch Zeugnis davon ab, wie diese Überlieferung den Bedürfnissen der jungen Kirche in ihrem jeweiligen kulturellen und religiösen Umfeld angepaßt wurde.

Schluß

Welche Aufschlüsse kann nun die vorliegende Untersuchung über Jesus gewähren? Die zahlreichen Ergebnisse sollen im folgenden noch einmal zusammengefaßt werden.

Am Anfang steht die Erkenntnis, daß die Themen, mit denen sich Jesus beschäftigte und aufgrund derer er von den religiösen Autoritäten verworfen wurde, genau jene Fragen und Probleme waren, die auch für zahlreiche Glaubensgemeinschaften innerhalb des Judentums seiner Zeit im Mittelpunkt des Interesses standen. Drei Themenkreise waren dabei von hervorragender Bedeutung: (1) Welches sind die Voraussetzungen für eine Zugehörigkeit zum Gottesvolk? (2) Auf welche Weise läßt sich die Mitgliedschaft innerhalb dieses Volkes aufrechterhalten? (3) Wer ist der göttliche Sendbote, durch den die Erneuerung vollzogen werden wird? Während die jüdischen Gruppierungen, die in zahlreiche Parteien aufgespalten waren – die Hohenpriester, die Sadduzäer, die Essener und die Pharisäer –, die Erfüllung kultischer und ethnischer Voraussetzungen für unabdingbar hielten, nahm Jesus all jene in die Gemeinschaft seiner Anhänger auf, die bereit waren, sich der göttlichen Gnade für bedürftig zu erklären und an Jesus als das Werkzeug Gottes bei der Erneuerung des Bundes zu glauben. So verkündete Jesus jenen, die von seinen jüdischen Zeitgenossen aufgrund kultischer Gesetze zu Außenseitern erklärt wurden, schon von Beginn seines Wirkens an göttliche Vergebung, Heilung und Gnade.

Die Erfüllung seiner Rolle setzte zweifellos voraus, daß

Jesus glaubte, selbst in einem besonderen Verhältnis zu Gott zu stehen. Zur Beschreibung dieses Verhältnisses wählten er und seine Anhänger Begriffe wie Messias, Sohn Gottes und Menschensohn. Doch ging es ihnen dabei nicht um die Erfüllung, sondern um die Neudeutung jener königlichen und priesterlichen Funktionen, die aus der Geschichte und den Heilserwartungen Israels erwachsen waren. Es ist von höchster Ironie, daß ihn die Römer aufgrund eines Anspruches hinrichteten, den er selber ausdrücklich zurückgewiesen hatte: den politischen Anspruch auf den jüdischen Thron. Seine Prophezeiungen kündigten die Zerstörung des Tempels und seines Kultes an und sahen weder für den Tempel noch für seine Priesterschaft einen Platz im göttlichen Plan für sein Volk vor. Gott sollte inmitten seines Volkes gegenwärtig sein, wenn es sich beim Mahl zusammenfand – nicht erst, wenn es sich in einem riesigen Heiligtum versammelte. Zum Zeitpunkt der Entstehung der Evangelien hat der Prozeß der Anpassung der ältesten Jesusüberlieferung an das veränderte Umfeld der neuen Gemeinschaft bereits eingesetzt. So verläuft die Entwicklung vom einfachen Mahl der frühen Christen hin zur streng formalistisch geregelten Verabreichung des Sakramentes durch den Geistlichen analog zur Wandlung vom informellen Treffen, bei dem sich die Anhänger Jesu versammelten, hin zu den liturgischen Mustern und Strukturen, die in den späteren Schriften des Neuen Testaments sichtbar werden. Besonders aufschlußreich sind in diesem Zusammenhang die Briefe an die Hebräer, in denen Jesus in der Rolle des Hohenpriesters gezeichnet wird, der mit sich selbst als Opfergabe vor das Angesicht Gottes tritt (Hebr. 9,11 – 28).

Diesen späteren Entwicklungen lagen jedoch das Selbstverständnis Jesu und seine Vorstellungen vom neuen
Volke zugrunde, das Gott ihn zu sammeln beauftragt
habe. In den Evangelien erscheint als Voraussetzung für
die Besiegelung des Neuen Bundes der Tod Jesu, der mit
dem Brechen des Brotes und dem gemeinsamen Trinken
des Weines symbolisch nachvollzogen wurde. Über seinen eigenen drohenden Tod hinaus prophezeite Jesus das
Eingreifen Gottes, das ihm und seinen treuen Anhängern
Genugtuung gewähren werde, und verkündete seine
dereinstige Vereinigung mit ihnen im Neuen Zeitalter.
Seine Heilungen und Teufelsaustreibungen galten als
Beweis dafür, daß Gott durch ihn die Schöpfung auf die
Vollendung seiner Herrschaft vorbereite. Seine Bereitschaft, Menschen, deren Krankheiten ihn nach geltendem
jüdischem Gesetz verunreinigten, zu berühren, und sie in
die Gemeinschaft seiner Anhänger aufzunehmen, zeugt
von seiner radikalen Neudeutung der Einstellung Gottes
gegenüber jenen, die aufgrund der gesetzlichen Tradition
aus der Religionsgemeinschaft ausgegrenzt waren.
Er zeichnet das Bild eines Gottes, dem entschieden daran
gelegen ist, eine Beziehung zu eben jenen Menschen her-
zustellen, die aus moralischen oder kultischen Gründen
ausgeschlossen wären. Seine Auslegung des Gesetzes
weist in erster Linie den Weg zu Liebe und Mitmensch-
lichkeit, vernachlässigt hingegen jene Normen, deren
Erfüllung die Voraussetzung für den Erhalt einer gesi-
cherten Position innerhalb des Erwählten Volkes wäre.
Die im Alten Testament (3. Mose 19,18) gelehrte Nächstenliebe erhält durch Jesus eine umfassendere Bedeutung: Sie bezieht sich nicht mehr nur auf den anderen
Juden, sondern auf jeden Menschen, gleich welcher ethni-

scher Herkunft, der in Not ist. Ausschlaggebend für die
Zugehörigkeit zum Gottesvolk ist die Reinheit des Her-
zens, die Aufrichtigkeit der Beweggründe, nicht aber die
rituelle Reinheit. Damit eng verbunden ist Jesu uneinge-
schränkte Hingabe an den Willen Gottes – bis hin zur
Bejahung des eigenen Todes. Selbstverständlich ist dies
eine Haltung, die Jesus nicht nur lehrt, sondern beispiel-
haft vorlebt.

Jesus vermittelt die Überzeugung, daß der Tod nicht das
Ende oder die Vernichtung des göttlichen Willens
bedeute, sondern daß sich im Tode und über den Tod
hinaus Gottes Wille an seinem Volk vollziehe. Der Kreis
der Anhänger Jesu war überzeugt, daß Gott die Gültig-
keit dieser Hoffnung durch die Auferweckung Jesu von
den Toten bewiesen habe.

In den Jahrzehnten nach dem Tode Jesu wurde die Jesusüberlieferung von ganz unterschiedlichen Autoren aufgenommen und weitervermittelt – Autoren, die unter
gänzlich verschiedenen Bedingungen lebten und arbeiteten. Es ist daher weder überraschend noch beunruhigend,
daß die Darstellungen des Lebens und der Lehren Jesu
erheblich voneinander abweichen. Die zwei ältesten Fassungen dieser Überlieferung – die Quelle Q und das Markusevangelium – weisen bedeutende historische Übereinstimmungen auf. Ein Teil dieses Evangelienmaterials
wird zudem noch durch Überlieferungsstränge in den
Paulusbriefen erhärtet. Die Evangelien vermitteln neben
dem Wissen über Jesus einen Einblick in die historische
Situation und die Lebensumstände ihrer Autoren, der
Rückschlüsse auf die Evangelisten und ihre jeweiligen
Gemeinden zuläßt. Zahlreiche Einzelheiten aus diesen
Berichten über Jesus erfahren Bestätigung, ja sogar Auf-

klärung durch nicht-evangeliale, auch nicht-christliche Quellen. Trotz dieser vielfältigen Ausprägungen der Jesusüberlieferung verfügen wir über gesicherte und in erstaunlichem Maße übereinstimmende Zeugnisse über diese Gestalt, deren Leben, Lehre und Tod eine so tiefgreifende und dauerhafte Wirkung auf die Geschichte der Menschheit ausgeübt hat.

Literaturhinweise

Während der Autor eine Reihe von Büchern aus dem angelsächsischen Raum zur weiteren Lektüre empfiehlt, fügen wir eine kleine Liste wichtiger deutschsprachiger Werke hinzu, die dem Leser dieser Übersetzung hilfreich sein können.

Zu den Quellen allgemein

Kee, Howard Clark: Jesus in History: A Approach to the Study of the Gospels. New York: Harcourt Brace Jovanovich, 1977.
Harvey, A. E.: Jesus and the Constraints of History. Philadelphia: Westminster, 1982.
Sloyan, Gerard S.: Jesus in Focus. Mystic, Conn.: Twenty-Third Publications, 1983.

Zu den einzelnen Evangelien

Nineham, Dennis E.: Saint Mark. Baltimore / Hammondsworth: Penguin, 1963.
Kee, Howard Clark: Community of the New Age. 1977. Nachdr. Macon, Ga.: Mercer University Press, 1983.
Stanton, Graham: The Interpretation of Matthew. London: SPCK / Philadelphia: Fortress, 1983.
Schweizer, Eduard: The Good News According to Luke. London: SPCK / Atlanta: John Knox, 1984.

Martyn, L. Louis: History and Theology in the Fourth Gospel. New York: Harper & Row, 1968.
Brown, Raymond E.: The Community of the Beloved Disciple. New York: Paulist Press, 1979.

Deutschsprachige Literatur

Theißen, Gerd: Der Schatten des Galiläers. Historische Jesusforschung in erzählender Form. München [10]1991.
Zeller, Dieter: Kommentar zur Logienquelle. Stuttgart 1984. (Stuttgarter Kleiner Kommentar Neues Testament. 21.)
Schweizer, Eduard: Das Evangelium nach Markus. Göttingen [16]1983. (Das Neue Testament Deutsch. 1.)

Schweizer, Eduard: Das Evangelium nach Matthäus. Göttingen [19]1986. (Das Neue Testament Deutsch. 2.)

– Das Evangelium nach Lukas. Göttingen [19]1986. (Das Neue Testament Deutsch. 3.)

Schulz, Siegfried: Das Evangelium nach Johannes. Göttingen [16]1987. (Das Neue Testament Deutsch. 4.)

Schweizer, Eduard: Theologische Einleitung in das Neue Testament. Göttingen 1989. (Das Neue Testament Deutsch. Erg.-Bd. 2.)

Register

Personen und Sachen

Verzeichnis der Textstellen

Reclam Wissen

Daten zur antiken Chronologie und Geschichte. Herausgegeben von Marieluise Deißmann. 213 S. UB 8628

O. A. W. Dilke: Mathematik, Maße und Gewichte in der Antike. 135 S. Mit Abbildungen. UB 8687

Ernst Doblhofer: Die Entzifferung alter Schriften und Sprachen. 351 S. Mit Abbildungen. UB 8854

Imogen Holst: Das ABC der Musik. Grundbegriffe, Harmonik, Formen, Instrumente. Vorwort von Benjamin Britten. 222 S. Mit Notenbeispielen und Abbildungen. UB 8806

Howard Clark Kee: Was wissen wir über Jesus? 174 S. UB 8920

Angelika und Ingemar König: Der römische Festkalender der Republik. Feste, Organisation und Priesterschaften. 152 S. UB 8693

Ingemar König: Der römische Staat. Teil 1: Republik. 262 S. UB 8834

Heinrich Laag: Kleines Wörterbuch der frühchristlichen Kunst und Archäologie. 277 S. Mit einem Anhang altgriechischer Fachwörter und Abbildungen. UB 8633

Johanna Lanczkowski: Kleines Lexikon des Mönchtums. 280 S. UB 8867

Annemarie Schimmel: Der Islam. Eine Einführung. 159 S. UB 8639

Hans Schmoldt: Das Alte Testament. 266 S. UB 8940 – **Kleines Lexikon der biblischen Eigennamen.** 247 S. UB 8632

Wolfgang Trapp: Kleines Handbuch der Maße, Zahlen, Gewichte und der Zeitrechnung. 303 S. Mit Abbildungen. UB 8737

Joachim Wehler: Grundriß eines rationalen Weltbildes. 285 S. UB 8680

Philipp Reclam jun. Stuttgart

Reclams Bibellexikon

Herausgegeben von Klaus Koch, Eckart Otto, Jürgen Roloff und Hans Schmoldt. 4., revidierte und erweiterte Auflage. 584 Seiten. Mit 138 Abbildungen und 6 Karten. Gebunden.

»Nicht nur in erster Linie an den historisch und theologisch vorgebildeten Fachmann wendet sich dieses Bibellexikon, sondern an einen weiteren Kreis bibellesender Gemeindemitglieder, aber auch an kirchlich fernstehende Bibelleser, sogar an Urlauber in biblische Länder. Deswegen wurden Knappheit und Klarheit der Darstellung angestrebt. Man wird dem Lexikon bestätigen, daß dies ausgezeichnet gelungen ist. Das war für die geographischen und geschichtlichen Angaben leichter. Aber mit Genugtuung stellt man fest, daß dies auch für die systematischen, theologischen Stichworte gelungen ist, und zwar ohne zu simplifizieren. Auferstehung, Entmythologisierung, Gott, Mythos, Rechtfertigung, Wunder, um nur einige zu nennen, sind mit wenigen Worten so dicht und meist so richtig dargestellt, daß man überrascht ist. Der Katholik wird manches anders sehen – groß sind die Unterschiede nicht. Die Literaturangaben weisen immer auf Werke erster Qualität hin. Rechtschreibung und Transkription richten sich nach dem ›Ökumenischen Verzeichnis der biblischen Eigennamen nach den Loccumer Richtlinien‹. Das ist zu bedenken, wenn man ein Stichwort, vor allem aus dem Alten Testament, sucht, das besonders dem Katholiken mehr in der Schreibweise der Vulgata bekannt ist. Es gehört zu den erfreulichen Zeichen des christlichen Lebens von heute, daß ein so gründliches und solides Lexikon zu erscheinen vermag, dem man ungeteilt zuzustimmen vermag.«
Rheinischer Merkur

»Reclams Bibellexikon ist ein erfreuliches Werk. Erfreulich wegen der Weite seines Blickfelds, wegen der Ausgewogenheit seines wissenschaftlichen Standpunkts, wegen der Knappheit und Verständlichkeit seiner Darstellung.«
Bibelreport

Philipp Reclam jun. Stuttgart